CHIENS

Mark Alizart

犬たち

マルク・アリザール 著
西山雄二／八木悠允 訳

法政大学出版局

犬たち　目次

凡例

一　本書はMark Alizart, *Chiens*, Paris, PUF / Humensis, 2018の全訳である。ただし、原著者の指示により大幅な加筆修正がほどこされている。

二　『　』は原書の書名イタリック。

三　傍点は原書の強調イタリック。

四　「　」は原書の引用符。

五　（　）［　］は原書に準じる。

六　〔　〕は訳者による補足。

七　訳註は行間に通し番号（1、2、3……）を付して側註とした。

犬たち

犬たちの喜び

いつの日か、犬たちが地上に君臨するだろう。

第二次世界大戦の直後、アメリカのあるSF作家がこうした着想を得た。クリフォード・シマックの『都市』[1]では、人間は度を超した紛争の末に消滅してしまう。生き残ったのは動物たちだけで、そのなかでも犬が特別な運命を担っている。彼らは少しずつ言葉を話すようになり、草食になり、ついにはかつての主人たちを知性の面で越えてしまう。その結果、数千年後に犬たちはこの惑星に再び秩序をもたらし、平和と協調

(1) Clifford D. Simak, *City*, Gnome Press, 1952. クリフォード・D・シマック『都市』林克己訳、早川書房、一九七六年。

による統治がおこなわれる。

このシマックの未来の仮説には、犬を軽んじている人々の意表をつくところがあるかもしれない。人類の終わりという仮説ではなく——ああ、私たちはこれまでこの類いの仮説に慣れ親しむ術を学んできた——、人類にとって代わるべく犬が選ばれたという仮説である。人間の務めを遂行するのにサイボーグではなく動物を選ばなければならないとして、〔SF映画の〕「猿の惑星」が物語るように、その継承の序列として猿がより適切であると考えられてきた。だが、犬に深い愛情をささげる人ならば、誰もがシマックの決断を理解することができる。というのも、犬たちには少なくとも二つの性質があり、そのおかげで、こうした務めをつつがなく遂行することができるからだ。

第一の性質は、困難に耐える驚くべき頑固さで、これは悲惨な時期にその貴重さが明かされるかもしれない。犬は残飯で生きる術を、さらに言えば、残飯のさらに残りもので生きる術を心得ており、どんな場所でも、どんな姿勢ででも眠りにつき、あらゆる環境に対応し、近づいて来る者と仲良くなり、黙って苦痛を耐え忍ぶのだ。こうした性質の特徴はおそらく、数千年の歴史を通じて鍛え上げられてきた。よく言われるように、「犬の生活〔vie de chien〕」とは夢のような生活のことではない。「犬の天気〔temps de chien〕」とはさえない天気のことである。「犬のように死ぬ〔mourir comme un chien〕」とは醜い仕方で死ぬことだ。(2) 犬たちは狼の群れから離れて、厳しい状況で成長してきた。略奪と彷徨によって生きる術を学ばねばならなかった。その後、人間の原初の野営と接触する際、犬たちはその見た目通りの物騒なごろつきとして、やはり狩猟の対象となった(ときには人間に食べられた)。それから犬たちはこの主たち〔人間たち〕を他の敵よりもずっと獰猛だとみなしてきた。なぜなら、彼らは閉じ込められ、飼い慣らされ、殴り飛ばされたからである。だが、つね

(2) それぞれ「犬」を用いたフランス語表現で、« vie de chien(犬の生活)» は「惨めな生活」、« temps de chien(犬の天気)» は「悪天候」、« mourir comme un chien(犬のように死ぬ)» は「のたれ死ぬ」を含意する。

に犬たちは立ち直ってきた。

しかし、第一の性質とはほとんど正反対の第二の性質によって、犬たちは私たち人間にまさにとって代わることができる。それは、並外れた繊細さ――それなくしては力も粗暴さにすぎなくなるような繊細さである。犬は生まれつき子供たちには優しく、大人たちには我慢強く、他の動物には友好的である。要するに、犬には真正の賢明さがあり、この賢明さが待ち望んでいるのは自分の考えを表現するための声だけであるようにみえる。犬たちはぎゅっと口を引き締めて、進化にまつわるありとあらゆる屈辱をただ耐え忍んでいただけではない。同じ境遇にある他の動物たちとは違って、犬は無感覚だったわけではなく、野生動物種のハイエナやコンドル、ネズミが苦悩や落伍の仮面をつけているように、醜くなったわけでもない。人間によって力づくで手なずけられたサーカスの動物たちとは違って、犬は憂鬱になったり発狂したりはしない。逆に、犬は穏和になったという印象を与える。彼らは自分たちの運命から、ある種の無関心、ある形式の喜びを会得したのだ。彼らはあらゆる退屈を心から楽しむ術を学んだかのようであり、そのことによって、彼らは――〔ベルナール・〕フォントネルの表現[3]を逆に言い換えると――「存在することの容易さ」を証し立てているのである。ドルーピー[4]の有名な言葉、「ねぇ聞いて、僕は幸せだよ」という台詞によって見事に表されたある平静さ――バートルビー[5]の言葉と同じくらい深みのある平静さで、

---

(3) ベルナール・フォントネルは、一七―一八世紀に活躍したフランスの著述家・思想家。劇作家として著述活動を始めたが、自然学や数学にも関心を寄せ、科学啓蒙書『世界の多数性についての対話』(一六八六年) などを著した。辞世の言葉は「私は存在することの困難さ以外は何も感じません」だった。

(4) アメリカで一九四〇―五〇年代に製作された短編カートゥーンに登場する主人公のバセットハウンド。

(5) アメリカの作家ハーマン・メルヴィルが一八五三年に発表した短編小説「代書人バートルビー――ウォール街の物語」の主人公。法律事務所に雇われた青年バートルビーは「せずにすめばありがたいのですが」という決まり文句をくり返して、あらゆる仕事を断りながら事務所に居座り続ける。

犬は全世界に対して応じているのだ。ストア派、仏教徒、スピノザにみられる考え方、つまり、知恵とは生き方が私たちに与えてくれるものの単純さとその承認に順応するという考え方を信じるならば、率直に言って、犬たちは「哲学者」になったようにみえる。さらに言えば、犬たちは聖人になったようにみえる。もちろん、不幸な犬もいるし、神経症の犬もいるし、恥ずかしがり屋の犬もいる。だが、そのほとんどは虐待された犬である。良き主人、あるいはある程度善良な主人を見つけさえすれば、ひまわりが太陽に向くように、犬はいつまでも喜びへと身を寄せていくだろう。

この小著はこのような奇跡——犬たちの喜びという奇跡——を理解することに捧げられている。また、そんなことが可能であるとして、そうした奇跡を学ぶことに捧げられている。なにしろ、人類にとって最悪の事態をシマックが正当にも恐れていたこと、私たちがまもなく、みずからの狂気によって荒廃した大地で「犬のように」生きねばならない羽目に陥るかもしれないことがあらゆる点で告げ示されているのだから。

動物界の恥

残酷な逆説だが、本当に嬉々とした人物に出会うたびに、私たちは愚かで浮かれている人だと思ってしまう。それは当然の話である。この俗世という涙の谷において、いかにして本当に幸福でいられるだろうか。人生について完全に無知である必要はないだろうか。さらに悪いことに、いささか風変わりだが、私たちを取り囲んでいる不幸を楽しむためにそうする必要はないだろうか。

禅僧やヒンドゥー教の賢者は奇人とみなされる習慣を身につけてきた。「知恵とは何か」とたずねると、彼らは不満げな顔をしたり、三点倒立をし始めたりするだろう。少なくとも、彼らは退屈してはいない。犬たちはこうした幸運に恵まれていない。その例外的な性質に反して、犬たちは並外れた不正を受ける、いやむしろ、その性質のせいで、そうした不正を被るのだ。というのも、私たちはその喜びから判断して、犬たちは幸福な愚か者にちがいないと導き出してしまうからだ。グーフィー、プルート[6]、ラントンプラン[7]、スクービー・ドゥー[8]といった犬たちは「ストゥピッド[9]〔愚か者〕」(ジョン・ファンテによる書物に出てくる犬の名前)なのである。犬たちは通常、大衆文化のなかで、幸福な愚か者として表現される。彼らは、ルソーのいう「善良な未開人[10]」や福音書の「幸福な愚か者[11]」が味わっている状態に似た至福の状態で生きている。

〔シャルル・ペローの『長靴をはいた猫』に対して〕「長靴をはいた犬」はいない[12]。動物たちの知性を褒めそやす小説の主題となるのは「きつねのルナール[13]」である。また、ディズニー・アニメーションという童話の現代版では、主人公はネズミのミッキーである。ルイス・キャロルの『不思議の国のアリス』において、不思議な動物はチェシャ猫と三月ウサギであり、犬ではない。〔ラドヤード・キップリングの〕『ジャングル・ブック』では蛇のカーや黒豹のバギーラで、犬ではない。聖書では獅子や雄牛、鷲が使徒

(6)グーフィーとプルートはディズニーのアニメーション映画に登場する犬。グーフィーはミッキーマウスの親友で、プルートはそのペット。
(7)ラントンプランはフランスの漫画家ルネ・ゴシニの西部劇漫画『ラッキー・ルーク』に登場する間抜けなジャーマン・シェパード・ドッグ。その名前は『名犬リンチンチン』のパロディ。
(8)スクービー・ドゥーはアメリカの長寿テレビアニメ番組『スクービー・ドゥー』に登場する臆病な大型犬グレート・デーン。
(9)ストゥピッドはアメリカの現代小説家ジョン・ファンテの『僕の犬は愚か者《ストゥピッド》』(一九八五年)の主人公。
(10)フランスの啓蒙思想家ジャン゠ジャック・ルソーによれば、自然は人間を善良、自由、幸福なものとして創造したが、社会が人間を堕落させ、悲惨なものにしたとされる。
(11)「マタイ福音書」第五章冒頭の「心の貧しい人たちはさいわいである、天国は彼らのものである」が参照されている。
(12)シャルル・ペローは一七世紀のフランスの詩人で、「長靴をはいた猫」「眠れる森の美女」「シンデレラ」「赤ずきん」といった民間伝承の童話を集めた『童話集』(一六九五年)で知られる。
(13)「きつねのルナール」は中世ヨーロッパ、とくにフランスで書かれた、武勲詩や騎士道物語をもじった寓話的物語。

たちを象徴しており[14]、犬ではない。『白牙』[15]は実質的にはほぼ狼である。フランスではガリアの雄鶏、ロシアでは熊、ボリビアではコンドルが国民的象徴となっているが、犬を国民的象徴としている国はひとつもない。〔ウィンストン・〕チャーチルのブルドッグや、〔エリザベス〕女王が手元においていたコーギーがいたイギリスですら、犬よりもライオンの方を好むのである。この種の動物はイギリスの土を踏んだことがないというのに……。

いくつかの例外はある。リンチンチン[16]、ラッシー[17]、スノーウィ[18]、メドール[19]、ハチ公[20]らはどれも頑固で勇壮で善良な犬である。少なくとも、外見上はそのようにみえる。というのも、愚劣さが犬たちの美徳になってしまっているのではないか、と問うこともできるからである。そうした犬たちの全面的な忠実さは要するに、盲目的な従順さの一形態でしかないのである。私たちはその忠実さから彼らを信用することはできず、同様に、警察に対する防御策として密売人たちによって育てられたモロシアン[21]や、黒人たちを攻撃するロマン・ガリーの『白い犬』[22]に謝意を表す

(14)「エゼキエル書」第一章に登場する生き物が四福音書の使徒の象徴とされ、人間がマタイ、獅子がマルコ、雄牛がルカ、鷲がヨハネに当てはめられた。

(15)『白牙』（一九〇六年）はアメリカの作家ジャック・ロンドンの小説。主人公「白牙」は狼犬の母親と狼の父親の混血だが、姿は父親に似て、狼そのものである。

(16)一九五〇年代にアメリカで製作されたテレビドラマ『名犬リンチンチン』に登場するシェパード犬。

(17)映画・テレビドラマの『名犬ラッシー』に登場する主人公のラフコリー犬。

(18)ベルギーの漫画家エルジェの『タンタンの冒険』シリーズに登場する主人公タンタンの相棒のホワイト・フォックステリア犬。

(19)フランスの挿絵画家・絵本作家バンジャマン・ラビエによる『うっかり犬メドール』に登場する主人公の犬の名前。

(20)大学教授の上野英三郎が飼っていた秋田犬ハチは、一九二五年に主人が亡くなった後も渋谷駅前で彼の帰りを待っていた。この美談が新聞で報道されて有名となり、一九三四年に渋谷駅前に忠犬ハチ公銅像が設置された。

(21)ギリシアのモロス地方の闘犬を祖とする犬種。大型でとても力が強いので、番犬・闘犬として飼育される。

こともできない。反対に、こうした崇高な表現に犬たちは不愉快にもなる。愚劣さが慈悲をもたらすと同時に、過度の熱意はそれとは反対のものをもたらすのだ。さらに悪いことに、犬たちが愚かではないことが結局明らかになると、彼らは臆病者だと想像しなければならないのだろう。ラ・フォンテーヌにとって、寓話「狼と犬」での教訓とは、犬は馬鹿ではないが軽蔑に値するというものである。[23] 犬は熟慮の末にレンズ豆の食事と引き換えに自由を売ったのだろう。ステーキの切れ端のために闘うことのできない犬はせいぜい、その一切れを物乞いするしかないのである。

さらに重大な非難さえみられる。犬はたんに臆病なだけでなく、人を欺くというのだ。犬は服従を好む。自分の主人をもつことに喜びを感じる。汚らしいものを食べることや不愉快な匂いを嗅ぐことを本当に好んでいる。なぜ「犬」という言葉がほとんどすべての文化において侮辱の言葉なのか、その理由をあまり深く探し求めるべきではない。かつては飼い犬をレックス〔王、君主〕あるいはプリンス〔君主、王者、王子〕と呼ぶのが普通だった。一九世紀、フランスで人気のある犬の名前はビスマルクで、それ以前、多くの犬はトゥルク〔トルコ人〕と名づけられていた。(24)それが賛辞であるのはまれだった。権力者を四つん這いにさせて、侮辱することが重要だったのだ。ドナルド・トランプは一九世紀のウィリアム・マッキンリー大統領以来、はじめて犬を飼っていない大統領だが、(25)

(22) Romain Gary, *Chien blanc*, Gallimard, 1970. ロマン・ガリー『白い犬』大友徳明訳、角川文庫、一九七五年。

(23) ラ・フォンテーヌの寓話「狼と犬」では、飢えで皮と骨だけになった狼と肉付きのいい番犬が出会う。何の苦労もなく食事にありつけるが、首輪でつながれている犬をみて、狼は「ご馳走もいらないし、宝物だっていらない」と言い放って、飢えと隣り合わせだが自由闊達な生き方を選ぶ。

(24) ビスマルクは一九世紀ドイツの政治家で、ドイツ帝国統一を成し遂げて、「鉄血宰相」の異名をとった。

(25) 歴代大統領四四人のうち三〇人が犬を飼っていた。犬はホワイトハウスでもっとも人気のあるペットで、「ファーストレディ」にちなんで「ファーストドッグ」と呼ばれている。

彼はそうした事情を多少知っていて、あらゆる政敵を「犬」と呼んでいるのである。

女性が欲望を示すとしばしば「浮気女[26]〔chienne〕」と呼ばれることは同じ源から来ている。男性的な想像力のなかで、女性は犬のように「支配されること」を享受しなければならないのだ。「犬」「女性」「同性愛」「外国人」は、男性優位の文明によって侮辱され不可視にされてきた存在を指すために取り交わされる言葉である。そうした文明においては、「自由」「能動性」「独立」「不服従」といった価値は原則的に、男性性、男根的な性、異性愛的なジェンダーに帰属しえないという考えに至らないのである。

〔犬に権力者の名前をつけるという〕代償行動[27]がついに、「支配された」祖先たちに、彼ら自身の立場を返し始めたとしても、残念ながら、犬がいつかその恩恵を得るのかどうかは疑わしい。なぜなら、犬たちにはさらに別の落ち度があるからである。彼らは名誉の回復を何も求めない。犬たちは父権的な秩序が本当に大好きなのだ。一九五〇年代に参政権をもってはならないという点でその夫に同意する女性たち、自分たちの利益を守ってくれると誠実に信じて大富豪たちを国家の指導者にした労働者たちと同じく、結局、犬は善良な少数派をつねに台無しにするようにみえる悪しき少数派である。実際、犬は文化秩序において複雑な立場を占めているので、ときに動物の権利の擁護者さえ落胆させてしまうのである。虐待から犬たちを守るために動物論者の全員が団結してはいる——無根拠な医学実験の犠牲となったある犬のためにイギリスで一九世紀に建立された「ブラウン・ドッグ」像はそうした大義の歴史的証左である。[28] しかし、犬をいかに「よりよく」扱うかが問題になるやいなや、彼

(26) フランス語 chien (犬) の女性形 chienne (雌犬) には「浮気女、尻軽女」といった軽蔑的含意がある。
(27) 「代償行動」はフロイトの精神分析用語で、ある目標へ到達することが不可能である場合、その代わりの満足を得るために、類似した別の目標を目指しておこなわれる行動を指す。

らは分裂してしまう。ある人々からすれば、犬の遺棄は厳しく処罰しなければならない。なぜなら、犬だけが悲惨な人生を強いられているからだ。別の人々からすれば——エリゼ・ルクリュ[29]やバクーニン[30]といったアナーキストはすでにこう考えていた——、犬たちはその主人の監督下から「解放され」、いわばその意に反して、野生の生活に返されるべきである。

動物の偉大な友たるジル・ドゥルーズは『アベセデール[31]』のなかで、犬たちは、彼の著作のそこかしこに現れる別の動物たち——素晴らしい「狼の群れ」から、彼の敬愛するヤコブ・フォン・ユクスキュルの小さな「マダニ」まで——と同じようには重視されないと明示している。ドゥルーズは、犬たちの吠え声は「動物界の恥」であるとさえ言っているのだ。彼によれば、いかなる人間も「動物への生成変化、女性への生成変化、マイナーへの生成変化」を経験するはずだとしても、犬は動物界のなかであまりにもマイナーであるがゆえに、私たちは犬の状態にまで身を落とすことはできないのだが、このことをいかに表現すればいいだ

(28)「ブラウン・ドッグ事件」は、一九〇三年にロンドン大学医学部でおこなわれた犬の生体解剖講義に端を発する、動物虐待をめぐる事件。イギリスではすでに「動物虐待規制法」が制定されていたが、生体解剖の手順に批判の声が上がり、解剖を担当していたウィリアム・ベイリス教師をめぐる裁判にまで発展する。これをきっかけに生体解剖反対派がロンドン南部のバタシー地区に建立した犬の銅像は現在に至るまで生体解剖の是非をめぐる象徴となっている。

(29)エリゼ・ルクリュは一九世紀フランスのアナキズムの活動家・理論家で、先駆的な地理学者、生態学者。地理学の立場から人間の自由と共生を問うた。主著に『新世界地理』『進化・革命・アナーキズムの理念』『地人論』など。

(30)ミハイル・バクーニンは一九世紀ロシアの思想家で、無政府主義者の革命家。ヨーロッパの社会主義運動において精力的に活動し、『国家とアナーキー』『神と国家』などの著書を残した。

(31)ジル・ドゥルーズは現代フランスの哲学者で、『アベセデール』(日本語版は國分功一郎監修、KADOKAWA/角川学芸出版、二〇一五年)は一九八八—八九年に撮影された、クレール・パルネによる彼のインタヴュー映像。彼は「動物」の章で、「犬について非難したいのは、吠えるところだ。吠え声というのは本当に愚かな叫び声だ。自然のなかには実にたくろうか。むしろ、この「恥」の感情という表現に私たちを犬に近づけるものを理解することもできないだろうか。

恥は特殊な感情である。私たちは犬以外のいかなる動物に対しても恥を感じない。それはまず、私たちが犬に隣人のしるしを認めるからで、恥は共感や同一化を前提とする。私たちは結局、自分でなしうることにしか恥を抱かない。ジークムント・フロイト[32]が教えてくれることだが、私たちは結局、自分でなしうると欲すること、禁止することにしか恥を抱かないのだ。まさしく、犬が主人をもちうるということ、そして、動物のなかで唯一――人間的なもののなかで唯一というわけではない――そうした隷従に愛着を感じることから、精神分析が長い間記述してきた内面的な生のあらゆる苦悩が思い起こされる。犬に対する私たちの恥には、あきらかに、セクシャリティ、排泄、さらには処罰に結びついた同様の快楽を享受したことに対する私たち自身の抑圧がみられるのだ。犬を飼うこと、犬を愛すること、まさに私たちに恥を抱かせるあらゆる理由で犬を愛することとは、私たちのなかにある影の部分を愛し、それと私たちを和解させ、まさに恥を乗り越え、そうして、恥が回復させる自己憎悪を乗り越えることに等しいだろう。そう、これこそが真の知恵なのだろう。おそらく、真の喜びなのだろう。だからこそ、ドゥルーズに反して、彼に真っ向から反して、犬への生成変化を経験することによってこそ、人間への生成変化を本当に経験することができるとおそらく言わなければならないだろう。

さんの叫び声があるが、吠え声は本当に動物界の恥辱だ。まだ耐えられる吠え声もあって、月に向かった遠吠え、月に向かって遠吠えする犬なら耐えられる」と語っている。

(32) ジークムント・フロイトは一九—二〇世紀に活躍したオーストリアの精神科医・精神分析家。無意識をはじめとする多数の精神分析における概念を研究し、精神医学のみならず、二〇世紀以降の文学・哲学・芸術などに多大な影響を与えた。

ジョルジュ・バタイユは言った、「エロティシズムとは死に至るまでの生の称揚である」、と。[33] 喜びについても同じことが言えるかもしれない。犬たちの喜びは暴力と性の側にある。彼らの知恵がその名に値するのは、ただ、この知恵が死と生殖を含み、恐怖を引き起こし、無意識的なものの力を突き動かすからである。

私たちの祖先はこのことをもっと知っていたように思える。崇められ

(33) 二〇世紀フランスの思想家ジョルジュ・バタイユは、人間独自のエロティシズムを禁止と侵犯の運動として説明し、「死に至るまでの生の称揚」と表現した。

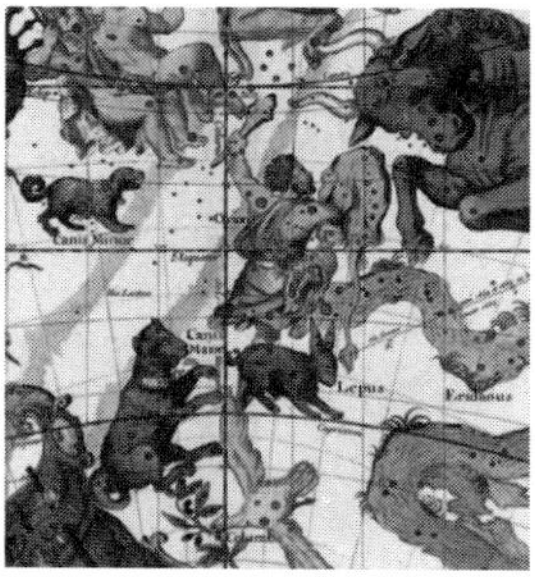

おおいぬ座、こいぬ座、オリオン座。ヨハネス・ヘヴェリウス『星図』、一六九〇年。

恐れられる神のごとき犬があらゆる文明において認められるのは、犬がまさに死の神、そしてまたエロスの神の補佐役だからである。このことはまず、現存するもっとも古い犬のシンボル、犬と恒星シリウスの結びつきによって示される。シリウスは天の川のなかでもっとも輝く星であると同時に、夏の大干魃を予告する星なのだ。

　何万年ものあいだ、天空が映し出してきたのは、人類にとっての並外れた光景である。「おおいぬ座（Canis Major）」は七月の末に地平線の上方から巨大な狩人――オリオン座[34]――の足元へと昇っていく。オリオン座の少し手前には、逃げまどう野ウサギのうさぎ座、飛び立つハトのはと座がある。上方には子犬――「こいぬ座（Canis Minor）」――がキャンキャン鳴きながらそれらを見つめている。彼らに向かい合って、一頭の巨大な雄牛、〔おうし座の〕アルデバランが背に荷を積んでいる。

この夜の光景がその最初の目撃者たちに与えた感銘については、いくら強調してもしすぎるということはない。大多数の洞窟壁画と神話的な物語はこの天空を「説明」しようとしている。多くの動物たちは洞窟の天上に円形に描かれ、ときには星座の順列に沿って表現される。またこの動物たちのなかでも犬たちはオリオンに似た射手に付き添っており、このことは犬が大変早くから「人間の親友」であったという事実を証明している。

『イーリアス』におけるアカイヤ勢〔ギリシア軍〕とトロイヤ勢の戦争は、星座間の戦争にほかならない。戦士たちの階層秩序は星々の階層秩

(34) ギリシア神話に登場する狩人。死後天に昇って星座となり、宿敵のさそり座とともに夜空を永遠に廻っているとされる。

序を模倣している。たとえば、古代ギリシア最大の戦士であるアキレスは、星々のなかでもっとも光輝なシリウスに等しく結びつけられている。アキレスは『イーリアス』第二二歌では「オリオンの犬」と記され、また、「惨めな人間たちに猛暑をもたらす凶兆」と描写されている。[35] 紀元前三世紀に体系的に天文学を論じた最初の書物『星座論』の著者エラトステネス[36]の指摘によれば、シリウスはギリシア語において「焼けつくような」や「焼けるような」を意味している。また彼の主張では、おおいぬ座の本当の名前はその最初の主人だった鍛冶場の神ヘーパイトスによってつけられた名前で、「火の玉」（ライラプス〔ギリシア神話に登場する、クレタ島ミノース王の犬〕）だった。古代ギリシア人にとって、犬、あるいはむしろ、雌犬はつねに「熱を帯びた発情期に〔en chaleur〕」あるのだ。

ラテン民族が「Canicula」、すなわち「雌の子犬」と呼んでいた犬の星〔シリウス〕はこうした理由で強烈な熱波の同意語となった。プリニウスはその著作『博物誌』でこう書いている。「シリウス〔Canicule〕に関して言えば、それが天に昇っていく際に灼熱の太陽をかき立てていることを知らない者はいるだろうか。この星座の影響力は地球上でもっとも強力だ。この星が昇ると海原は泡立ち、貯蔵庫の葡萄酒は発酵し、淀んだ水が揺れ動く」[37]。酷暑〔canicule〕は、その類比から、[38]犬に影響を及ぼすと考えられていた。「犬たちもまた、こうした気候が続く間中、狂犬病にかかりやすい」[39]。アクタイオーンはこの種の挿話のなかで、自分の飼い

(35) ホメロス『イーリアス(下)』松平千秋訳、岩波文庫、一九九二年、三〇八頁。
(36) エラトステネスはヘレニズム時代のエジプトで活躍したギリシャ人の学者で、アレクサンドリア図書館の館長も務めた。初の天球儀を発明するなど、とりわけ数学と天文学の分野で目覚ましい業績を残した。
(37) プリニウス『プリニウスの博物誌(一)』中野定雄ほか訳、雄山閣出版、一九八六年、九七頁。
(38) canicule(酷暑、猛暑)はラテン語canicula(シリウス星)に由来し、その語源はcanis(犬)の指小辞。
(39) プリニウス『プリニウスの博物誌(一)』、九八頁。

犬に貪り食われてしまう。[40] なぜなら、彼はアルテミスを欲する激情——この場合、性的な執着——に、雌犬と雌熊に無差別に結びつけられるそうした激情に駆られたからである。

きわめて重要な別の書物は、犬の星によって物語が進行していく『マハーバーラタ』である。インドのもっとも神聖なこの物語の冒頭で王族たちが殴っている子犬は、サラマーという偉大な犬の女神、おおいぬ座の子犬であることがわかる。サラマーはその後、おおいぬ座に復讐を依頼し、この書物が物語っていく戦争のサイクルの渦中へと身を投じる。〔物語の冒頭とは〕逆に、犬の正しさが認められるところで『マハーバーラタ』は終わる。この書物の実に最後で語られていることだが、王のなかの王であるユディシュティラは死の間際に、自分を天へと運んでくれるはずの神インドラの荷車に乗ることを拒む。彼の最晩年にずっと連れ添ってくれた、疥癬《かいせん》にかかった犬と一緒に天へ行けないからである。それができないとインドラから教えられて、ユディシュティラは天国をまさに諦めようとする。そのとき彼は、神のなかの神であるダーマがこの犬に化身して、自分の魂の純粋さを試していたのだと気づく。この試練への勝利によってこの王のなかの王は永遠の命を授かり、そして、この書物は再び閉じられるのだった。

最後の審判を司る人物、アヌビスは古代エジプトに均衡をもたらす。彼は死者たちの魂の重さを測る。人生の始まりと終わりに位置するアヌビスは、亡くなったファラオたちを防腐処理し、彼らの魂に墓地まで付き添っていく神である。アヌビス——その古代エジプトの名はインプゥ——は黄泉の国の女王イシスと関係づけられており、エジプト人たちはイシスをシリウスとおおいぬ座に結びつけていた。アヌビスの方はこいぬ座の星プロキオンに結びつけられている。ヒンドゥー教において、時間の神——時計の支配者や死の支配者——たるカーラ・バイラヴァは足

（40）アクタイオーンはギリシア神話に登場する狩りの名人。泉で水浴びをする女神アルテミスの裸体を見たために鹿の姿に変えられ、森のなかを彷徨っているところを自分の猟犬たちに噛み殺されてしまう。

アヌビス。紀元前一二五〇年頃、大英博物館蔵。

カーラ・バイラヴァ。一九世紀、大英博物館蔵。

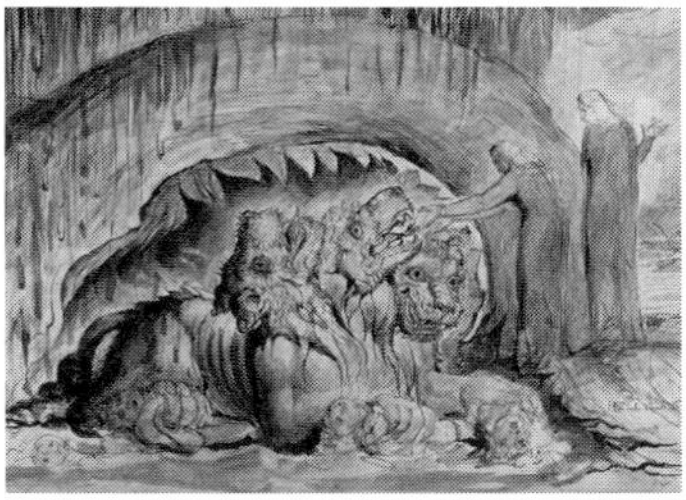
ケルベロス。W・ブレイク、一八二四―一八二七。

元に犬をたずさえていつも表現されている。同じ考え方から、古代ギリシア人によれば、死と春の女神ペルセポーネを見張る、複数の頭をもつマスチフ犬のケルベロスが地獄の門の前で待機している。

腐肉にたかる動物たちと似ていることから、犬は魂を導く神として表現されるのだと説明する者もいる。アステカ宗教の犬神ショルトルはこの結びつきを別の仕方で教えてくれる。メキシカン・ヘアレス・ドッグ――ショルトルの着想源となった体毛のない黒い犬――はハイエナのような態度をとるが、その儀礼的な役割は魂たちを冥土ミクトランへと導くだけにとどまらない。ショルトルは双子を守護する者でもある。別の言い方をすれば、犬の神たるショルトルは、死の神というよりも、生と死という――双子のように――対立し対照的な両極のあいだの移行を確保する神なのだ。もっともなことだが、こうした弁証法的な本性は古代人たちに理解されなかった。つまり、半ば狼、半ば人間であるショルトルは半ば野蛮で、半ば文明的なのである。彼の足は二つの世界にまたがっている。彼は二つの世界が結合した場にとどまっている。アレクサンドリアのいくつかの寺院に見られる、〔ギリシア神話の〕ヘルメスの体と〔エジプト神話の〕アニュビスの頭をもった混合神ヘルマニュビスのように、ショルトルは仲介者であり、伝達者なのだ。

私たちは家畜化を愚かさや臆病さ、悪癖ばかりを犬にもたらす衰退状

ショルトル。一五二一年以前、ヴュルテンベルク歴史博物館蔵。(Photo: Bernd Gross)

ヘルマニュビス。一〜二世紀、ヴァチカン美術館蔵。(photo: Colin/Wikimedia Commons)

態と考えるが、反対に、先祖たちは家畜化を存在が増大する状態、さらには、犬の知恵にとっての真の源泉と考えていた。彼らにとって、犬は自然に反した動物ではなく、分類できない動物、むしろ分類を超えた動物である。通常の生き物を制限するさまざまな分離に従わない動物である[41]。まちがいなく犬は、インドのトランスジェンダーたるヒジュラー〔両性具有者〕のように、多大なる敬意の対象だった。なぜなら、宇宙のある極から別の極へと駆け巡る犬を理解することで、ヒジュラーはいわば世界の均衡を守るからである。この均衡が狂ってしまうようなことがあれば、平原の火事のように、野蛮が文明に蔓延する恐れがあるのだ。

ヘシオドスによれば、ケルベロスはそうした意味で二重になっていて、その双頭の兄弟はオルトロスである。[42] ケルベロスはギリシア語で「斑模《まだら》様」という意味であり、オルトロスは「結合したもの」（あるいは「公正さ」）という意味である。この二頭の犬はつまり、根元的なカップル、〈一〉と〈多〉のカップルをなしている。中国と日本において、仏教寺院と神社は伝統的に二頭の犬、また双子の犬――狛犬（文字通り「朝鮮〔狛〕の犬」）や「獅子」――によって守られている。一方の口は開かれ

(41)「ヒジュラー」はヒンディー語・ウルドゥー語で「半陰陽、両性具有者」を意味する、男性でも女性でもない第三の性。

(42) ケルベロスはギリシア神話に登場する冥府の番犬。三つの頭と蛇の尾をもち、胴体から何匹もの蛇の頭が生えている。その兄弟であるオルトロスは双頭の犬で、ゲーリュオーンの牛の番犬。

狛犬。一七～一八世紀、ホノルル美術館蔵。

ており、「あ」という文字を発音した状態を示している。他方の口は「うん」と発音するために閉じている。僧侶たちが唱える、この宇宙でもっとも重要な音「あうん〔阿吽〕」を、このつがいの犬たちは一緒に発音しているのであり、換言すれば、彼らは世界のアルファとオメガを融合させ、時間の始まりと終わりを縁取っているのである。そのうえ、彼らは犬の内在的な二重性を示しており、これは「シリウス〔Sirius/Canicule〕」〔という言葉〕によって私たちに導入されていたものである。多くの人々にとって、たしかに、これらの犬はライオン（獅）にほかならない。しかし、犬とライオンは同じ動物の二つの極、すなわち陰と陽を表している。だからこそ、ある仏教の伝説によれば、シッダールダは、危険な場合に「雪獅子《スノーライオン》」へと変身するシーズー犬にいつも付き添われていたのだ（その当時からこのライオンはチベットの象徴となった）(43)。反対に、別の中国の伝説によれば、体毛に種子を付着させた野良犬によって、農業（つまり文明）が人間にもたらされたといわれる。

---

(43) 仏教において、雪獅子《スノーライオン》はその咆哮が「空」を具現化し、ブッダの教えのダルマ（法）と同義であることから、ブッダの守護者とみなされる。チベット仏教では雪獅子《スノーライオン》は神聖な動物とされ、一九〇九―五九年にはチベットの国章として硬貨、郵便切手、紙幣、国旗などに使用されていた。

信仰のみ(44)

現代における犬の表象のなかに、犬に関する古代の偉大な神話はもはやほとんど残っていない。残っているとすれば、主人の死を前もって感じるというおぼろげな能力である。また、「突然狂ったように犬が飼い主を貪り食らう」といった取り乱した新聞の大見出しに時折お目にかかるが、それはアクタイオーンの伝説の遠い反響のようだ。

古代以来、犬たちが大きく変化してきたというだけではない——彼らはたえず、体毛にノミをはびこらせ、口を泡立たせて、根っから危険な

(44)「信仰のみ (Sola fide)」はプロテスタント信仰の根本原理で、人間が善行ではなく、信仰のみによって義とされるという考え方。

野良犬であり続けてきた。あるいは、飼育された怪物、とりわけ、敵勢の前線への強襲として放たれた軍用犬、「軍団の犬」（現在のイタリアン・コルソ・ドッグ）はまぎれもない怪物だった。彼らはひと噛みでイノシシを食いちぎることができた。かくして、犬の二重性——家畜と野生、柔和と危険——の問いが実に鋭敏な形で私たちに突きつけられてきたのだった。しかし、私たちもまた大きく変化してしまった。星々、死、自然に対する私たちの関係は根本的に変容してしまった。古代宗教と私たちのつながりをとくに一神論が取り結んでいる。ところが、まさしく一神論は、かつて犬の私猟地であったあらゆる入り口と通り道に手出しをした。冥界の奈落の入口では、聖ペトロがケルベロスに代わった。唯一の神は、数々の地獄を訪れるイエスにも似て、あらゆる世界を往来できる唯一の存在となった。

　アブラハムは天恵を得るために神へ服従しなければならない。キリスト教徒は救済のためにキリストに服従しなければならない。イスラム教徒は永遠の生を得るためにアラーに服従しなければならない。異教がその神々以上にずる賢い人々で満ちているのに対して、一神教は信者に駆け引きの余地を一切与えない。犬がその主人に従わなければならないように、信者は神に従わなければならないのだ。一神教が犬の神話を引き継ぐことで、宗教を馴致の試みに変えたことをいかに表現すればよいだろうか。

　ユダヤ教以来、犬、人間、神のあいだで互いに模倣し敵対し合う三角関係が確立してきたが、私たちが犬たちと結ぶ愛と憎しみの近代的な関係にはこれ以外の起源はない。人間は神を前にした犬となり、その結果、今度は犬たちが私たちを前にして小さな人間となる。人間に対して神は主《あるじ》だが、私たちは犬に対してそうした主人となる。反対に、神に対して人間は従者だが、犬は私たちに対して従者となるのだ。神に愛されたいと望むように、私たちは犬を愛し始めた。私たちは犬をもうひとりの自分として扱い始めたが、それは、犬が私たちの似姿だと認めたからである。現代において犬たちに与えられる本質的な地位がこのことを物語っている。それはもはや双数的で、複雑で、ジェンダーや階級を超えたものではなく、「忠実」なものである。犬は信じることそのもの〔Fido〕となる。人間は神への信仰〔fide〕を確証することで神に愛を抱くが、人間の側からこうした愛を証し立てなければならないのである。

まさしく、一神教とともに、幸福な愚か者という犬の近代的な形象が現れたのだ。そうした形象は「知的障害者」「満ち足りた愚か者」、異論を唱えることなく服従する者に付与された恩恵に直接、着想を得ている。ルターはこのことの証人である。彼自身、小さなポメラニアン（スピッツ）を飼っていたが、この犬はドイツ語で「不器用」や「間抜けな」を意味するトゥルペル——すなわち〔英語なら〕グーフィー——と名づけられた（ルターはときどきHelferlein、「小さな助手」とも呼んでいた）。これが歴史上初の「愚かな」犬である。この形容詞を用いることで、彼は飼い犬を愛さなかったわけではない。まったく逆で、ルターは犬が大好きだった。キリスト教に関する自分の考え方に当てはまらないほとんどのことに悪態をついたほど彼は神学的に厳密だったが、このことを踏まえるなら、ルターが犬について語った三つのことは実に驚くべきものだったようだ。第一に、犬とは神が私たちに授けたもっとも貴重な贈り物であるが、ただ、この犬の種属がかなり世に広まっているので私たちはこれを理解できない。第二に、キリスト教徒にとって犬は信仰のモデルである。第三に、犬はいつか天国へ行く。

発情したり激怒したりする魂を導くあの始祖の犬たちとは遠く隔たって、キリスト教絵画においては、ルターのタイプの「わんちゃんたち」が一五世紀からいたるところに現れる。小さなスピッツ、シュナウザー、プードルは私生活の数々の場面にみられる。たとえば、アルノルフィーニ夫妻の足元で彼らのお互いへの誠実さを象徴したり、(45) カルパッチョの絵画で聖アウグスティヌスの数メートル先にいたり、(46) 宗教的主題のさま

(45) 初期フランドル派の画家ヤン・ファン・エイクが描いた絵画『アルノルフィーニ夫妻像』を指す。

(46) イタリア・ヴェネツィア派の画家ヴィットーレ・カルパッチョの絵画「聖アウグスティヌスの幻視」(一五〇二年)では、書斎で幻視体験をする

カルパッチョ『聖アウグスティヌスの幻視』、一五〇二年。

ヤン・ファン・エイク『アルノルフィーニ夫妻像』、一四三四年。

デューラー『メランコリアI』、一五一四年。

ざまな絵画で聖人らのそばに、さらにはキリストのそばにいたりする。アルブレヒト・デューラー(47)にあっては、犬はほとんど署名に近い。彼の『キリストの鞭打ち』には何頭かのポーチュギーズ・ウォーター・ドッグがおり、聖ヨハネの『黙示録』の版画のいくつかでは、各絵が〔頭部以外の毛を剃られた〕「ライオンのカップグラス」を表しているが、これはイエスの王位を想起させる。彼の『聖ジェローム』の足元にはジャーマン・スピッツがまたもやライオンのそばで休んでいる。『聖ユスターシュ』と『騎士と死と悪魔』においては、何頭かのポインターが四方八方に駆け回っている。デューラーは何度も犬の肖像を彫ったが、その犬はたいていハンガリー・グレーハウンド(magyar agar)で、〔『メランコリ

聖アウグスティヌスをマルチーズ犬が眺めている。

(47) アルブレヒト・デューラーはドイツのルネッサンス期の画家。イタリアで修行した成果をとり入れて、ドイツで緻密な構成と鋭い描写による作品を多数製作した。版画を芸術作品の域に高めたことでも知られている。

ヴェラスケス『ラス・メニーナス』、一六五六年。

ア』〔に描かれた〕憂鬱に沈んだ天使のそばで眠っている犬と同じ犬種である。

占星術師たちはもはや犬をシリウスと同一視することはなく、サトゥルヌス〔土星〕と結びつける。犬はもはや激情を具現するものではなく、観想的な内面的生活を具現したものだ。犬と憂鬱は中世とルネッサンス期のトポスを形作っている。ロバート・バートンによる『憂鬱の解剖』[48]の扉絵で「孤独」の枠にハンガリー・グレーハウンドが描かれているが、この犬はまるで、かつて異教の古代によって与えられていた存在理由を奪われ、彷徨える魂と化して、その伝説的な喜びをまさに失ったかのようである。ヴェラスケスの『ラス・メニーナス』[49]では、スパニッシュ・マスティフ犬が深い眠りについていて、この場面で放心状態にあるが、王が居合わせてるので、いたずら者〔前景右手に描かれた小人〕が目を覚まさせようと足蹴りをしなければならない。

「真正なる」聖人たちのそばにも数々の犬たちが認められる。たとえば、一三五〇年ごろ、聖ロクス[50]〔Roch de Montpellier〕（パグ〔roquet〕〔という犬

（48）ロバート・バートンは一七世紀イギリスの聖職者、古典文献学者。古今の憂鬱に関する記述を渉猟して文芸と医学の観点から『憂鬱の解剖』（一六二一年）を著した。

（49）『ラス・メニーナス（女官）』はバロック期のスペイン画家ディエゴ・ヴェラスケスの作品。幼いマルガリータ王女を取り囲んで女官や侍女ら、カンバスに向かうヴェラスケス自身、一匹のスパニッシュ・マスティフ犬などが描かれ、画面奥の鏡像や多層的な構造によって、謎に満ちた傑作とされている。

（50）聖ロクスは一四世紀のカトリック教会の聖人で、ペストに対する守護聖

種名〕は彼の名前から生まれた）のような聖人たちのそばに犬が認められるのである。あるグレーハウンドは、一二五〇年代に聖ガンフォールという名で、リヨンの司教区の村人たちに賛美された。『神曲』において、ダンテはこの出来事から着想を得たとおぼしき民間の伝説を伝えている。「地獄篇」の第一曲では、一頭のグレーハウンドが「一頭の雌狼を罰し」た後、やがて人類を解放すると語られている。[51] この種の神託に隠された意味はその当時は大きな謎ではなかったにちがいない。なぜなら、雌狼は「娼婦バビロン」[52]、つまり、悪徳によって腐敗した教皇の都市ローマのシンボルであり[53]、また、ダンテが五一五という数字——ローマ数字でDVXと記される——の意味に結びつけたグレーハウンドはすなわち「公爵〔duc〕」であり、雌狼を服従させる役目を負い、神意にかなった君主であるからだ（〔ラテン語の〕Dux〔君主〕はRex〔王〕を想起させる）。デューラーのグレーハウンドがこの意味でDux〔君主〕を描いているのはもっともであるようにみえる。すなわち、『九五か条の論題』によって教皇庁を震撼させた、キリスト教の改革者マルティン・ルターの化身としてこの犬は描かれているのだ。あるいは、より簡潔に言うと、プロテスタントへと改宗し、ハンガリー・グレーハウンドと同じくハンガリー出身であったデューラー自身の自画像が描かれているのだ。

ある偉大なキリスト教徒もまた、自分が犬だと主張した——それは聖

人として崇拝された。巡礼中にペストに罹患した際、森のなかで犬に食物を恵んでもらって奇蹟的に回復したと言われる。

(51)「この獣〔雌狼〕と交わる動物は無数にのぼる。そしてさらに増えていくのだ、かの猟犬が来て、獣を苦しみのうちに殺すまでは。この犬は土地や金銭で育つのではなく、知、愛、徳をその糧とする。」ダンテ『神曲』第一巻、原基晶訳、講談社学術文庫、二〇一四年、三五―三六頁。

(52)「娼婦バビロン」はヨハネ黙示録第一七―一八章に登場する、淫らな酒で人々を酔わせる不吉な女性のことで、悪魔の住処のアレゴリー。

(53)ローマの都市は、雌狼の乳で育った双子の兄弟ロムルスとレムスによって紀元前七五三年に建国されたと言われる。この建国神話以来、雌狼は性の激しさや淫蕩に結びつけられ、尻軽女や売春婦には「雌狼」のあだ名がつけられた。

ドミニコである[54]。彼の母親が口に松明をくわえた白黒の犬を産み、その火が世界に光をもたらしたという夢を見たので、ドミニコは自分が「真実の世界を把握する」犬の似姿であると判断したのだ。彼が創設したドミニコ会修道士たちの秩序はかくして、domini-canis、つまり「神の犬たち」の秩序として理解されねばならない。おそらくシリウスの暗示であろう額の星とともにしばしば絵画に描かれているドミニコはエジプトの秘儀とキリスト教の中間にいるのだ。

「幸福な者」と呼ばれたハインリッヒ・ゾイゼ[55]もまた、その啓示において犬の恩恵をこうむっている。その慈悲に値するべくキリストの言葉をトルソ〔胴体部分の彫刻〕にナイフに刻んでいたとき、彼は子犬が汚い雑巾の切れ端で遊んでいるのを見た。子犬が実にみすぼらしい物体で戯れて感じる単純な喜びに感銘を受けて、彼は贖罪が単純さの恩寵を得る者にしか与えられないと悟った。言い換えると、自分は肉体を痛めつける苦行でひたすらみずからに至福を授けるばかりで、子犬のように神を愛そうと決断したにもかかわらず、世界を歓迎しつつ世界から遠ざかっていたと彼は理解したのだ。

あろうことか、一神教とともに、犬は愚かなだけでなく、犬に悪意があるという可能性も生まれた。悪意のある犬とは苦悩や苦痛を体現する犬である。自分の上司に叩かれると、仕事から帰ってきて犬を叩いてしまう。私たちは自分の主人──神の化身──にけっして刃向かわないのに、犬はいたるところに小便をして私たちにあえて刃向かってくるので腹を立ててしまう。犬は私たちがかなわないほどはるかに神聖だから、

---

(54) 聖ドミニコは一三世紀にドミニコ会を結成したカトリック教会の聖人。母親が、胎内にいたドミニコが犬の姿で松明を咥えて飛び出し、全世界に火を放つ夢を見たとされる。清貧と神学研究を掲げるドミニコ会はアルベルトゥス・マグヌスやトマス・アクィナスといった優れた学者を輩出し、スコラ哲学の発展に貢献した。

(55) ハインリッヒ・ゾイゼは一四世紀のドミニコ会士。エックハルトの弟子として、神秘主義を思弁的に論じた。著作に『永遠の知恵の書』『真理の書』など。

私たちは嫉妬に駆られて犬を罰してしまう。要するに、自分たちが神の子犬になって屈従しているように感じるので、私たちは犬を屈従させてしまうのである。ここには、私たちが犬に軽蔑を抱く別の理由が隠されている。ただし、この軽蔑は私たち自身が生み出したものであり、言い表すことはできないが、唯一神が私たちに課すあらゆる侮辱という点で、私たちが感じている憎悪や欲求不満の結果である。私たちが神の前でうずくまればうずくまるほど、私たちは神にますます服従し、敬虔になる。いわば、ますます私たちは神の前にひれ伏す善良な犬になるのである。そうなることを嫌悪すればするほど、私たちは自分自身にあまりに忠実な鏡像をもたらす犬たちをますます憎悪するのである。よりよい人間になれないという怒りが私たちにとりついているが、犬たちはそうした怒りを被らなければならない。誰かが私たちを犬と同一視してけっして侮辱しないように、犬たちは私たちの視野から消えなければならないのである。

ドッグ・ヴィンチ・コード

幸いなことに、私たちはそれほど気安く犬たちを厄介払いすることはない。犬たちは数千年前からずっと生き延びてきた。しかも、驚いてはいけないが、彼らは一神教から生き延びることに成功したのだ。唯一神の宗教は古代の犬を消し去るために万事を尽くしたが、にもかかわらず、犬が人間の食卓に再び招かれるための手段をどれほど探し続けてきたのかは、やはり魅力的なことである。

旧約聖書のなかにも犬が現れる。一箇所だけだが素晴らしい場面で、一神教にまつわる狩猟術の起源が詳細に語られると同時に、犬たちが好意的に描写されている。(56) この場面が出てくるのは『出エジプト記』の第一一章第七節である。のちにイスラエルの民となるファラオの奴隷たちがエジプトを脱出するとき、何頭かの犬に出くわしてしまう。犬たちが吠えれば、彼らは民兵に捕まってしまうだろう。黙っていれば、彼らは助かるだろう。ところが、この箇所に長い注釈をつけたエマニュエル・レヴィナスが言うように、(57)犬たちは「驚きに」襲われる、「あるいは真夜中の光に」襲われるのだ。「犬は一頭たりとも吠えなかった」と『出エジプト記』には書かれている。犬たちが新しい神の預言者たちを前にして目立たない態度をとり、まさに彼らの前で感情を表に出す〔témoigner〕ことなく、彼らにバトンを渡す〔passer le témoin〕ことを選んだのだ、と表現するしかないだろう。

ユダヤ教はここで、古代の犬がもっていた力をいわば我が物としたことを認めているようだ。ユダヤ教は犬への異教的崇拝を全面的に吸収することで幅を利かせてきたのではないか、そうした異教の地位をたんに奪取することによってこれを打ち負かしたのではないか――犬への崇拝が重要な地位を占めていただけに、むしろ必然的で明白なやり方である――、という疑問が湧いてくるほどである。要するに、これは少しも驚くべきことではないのだろう。ヘブライ人たちはエジプトからうまく脱出した。そうすることで彼らは唯一神（アテン／アドナイ）[58]という考えを、それゆえ必然的に、この神と調和していた宮廷全体——とりわけ、イシスとアヌビス——を取り戻すことができたのである。シュムエル・ヨセフ・アグノン[59]はある著作でバラク——文字通りには「イスラエルの

(56)「しかし、イスラエルの人々に対しては、犬ですら、人に向かっても家畜に向かっても唸り声を立てません。あなたたちはこれによって、主がエジプトとイスラエルを区別しておられることを知るでしょう。」（『出エジプト記』第一一章第七節）
(57) エマニュエル・レヴィナス「ある犬の名前、あるいは自然権」、『困難な自由』合田正人・三浦直希訳、法政大学出版局、二〇〇八年、二〇三頁。
(58)「アテン」は古代エジプトの太陽神。アメンホテプ四世は旧来の太陽神アメンへの信仰をやめ、他の神々の祭祀を停止することで、多神教から一神教への改革をおこなった。「アドナイ」はユダヤ教徒による神の呼称で、「わが主」の意味。ユダヤ教徒はヤハウェ（エホバ）を直接呼ぶのを恐れて、「アドナイ」と呼んだ。

血を舐める者」——という犬を主役にしたが、彼は、この犬はその名前からしてユダヤ民族の象徴に値するだろうし、この場合、犬こそがユダヤ民族を唯一の国民にしたのだろう、と言ったようである。このことは実現していない。しかしながら、過越《ペサハ》[60]の祭の際にユダヤ人たちが出エジプトを祝うとき、おそらく、彼らは無意識に犬になお敬意を表している。なぜなら過越《ペサハ》とは「移行」を意味しているからだ。それは渡し守たる神々の祭、すなわち犬たちの祝祭なのだ。

　犬たちには不親切だと噂されるイスラム世界だが、次のような伝説の名残が残されており、ここにユダヤ教との秘められた関係が浮かび上がる。あきらかに『出エジプト記』の同じ箇所から着想を得ているコーランの章「エフェソスの七人の眠り人」は、民兵から逃げ出そうとした七人の信心深い若い男たちが洞窟のなかに逃げ込む話である。一頭の犬、おそらくマホメットが所有していた犬種で、中東ではいまなお大変高く評価されているサルーキ[61]のキトミール（「斑《まだら》模様」）に追いかけられた彼らはその吠え声によって居場所がばれることを恐れたのだが、まったく逆に、キトミールは話し始め、彼らへの忠誠を確約する。この若者たちは犬に見守られながら眠り、太陰暦で三〇〇年経ってからやっと目を覚ますと全員が無事で、あいかわらず犬に見守られていた。そして犬はこれから天国へ行くのだと告げられる。

中世キリスト教の有名な伝説では、別の古代の犬が聖クリストフォロス[62]の姿で現れている。その物語によれば、かつて犬の頭をもつ人間、犬

---

(59) シュムエル・ヨセフ・アグノンはノーベル文学賞をはじめて受賞したヘブライ文学作家。著作に『婚約者の持参金』『バラクという犬』『単純な物語』など。

(60) 過越《ペサハ》はユダヤ教の宗教的記念日。モーゼの導きによってイスラエルの民がエジプトから脱出した出来事を記念して、家族で儀礼的な食事をとる。旧約時代のこの「過越の祭り」を雛形として、キリスト教の「復活祭」が生まれた。

(61) サルーキは狩猟犬の一種で、古代エジプト遺跡のレリーフにもその存在が確認できるほどきわめて古くから人々から尊重されてきた。

聖クリストフォロス。小アジア、一六八五年、ビザンティン・クリスチャン博物館蔵。

頭人〔*cynocéphales*〕が存在し、周りの人々を恐れおののかせていた。そのなかのひとりはリキュア〔現在のトルコの南沿岸部〕（「リカオン」と呼ばれるジャッカル種はここから来ている）で暮らしており、みずからレプルブス〔「神に見放された者」という意味〕というあだ名をつけていた。彼は誰よりも強い主人に仕えようと努めていた。だが、ある日、彼は偶然イエスに出会う。イエスは彼を恐れることなく、川を渡る手伝いをしてほしいと頼んだ。その醜怪な見かけにもかかわらずイエスが恐れなかったので、彼はイエスをとても強い人物だと認め、背に乗せた。こうして彼は聖クリストフォロスと名づけられ（christo-phorosはギリシア語で「キリストを運ぶ者」を意味する）、引き換えに人間の姿を授かったのだ。このとき、彼は犬の姿を授かったのだとむしろ理解されるべきだろう。あらゆる神話と同じように、聖クリストフォロスの伝説もまた、何らかの謎を説明しようとしているようにみえる。ジャッカルたちがまさに犬になり、危険な野生動物が情愛の深い親切な愛玩動物になるという謎である。

こうした伝説によって、非常に古いいくつかの教会、とりわけ正統派の教会において、聖クリストフォロスは犬の頭で描かれているが、この

(62) 聖クリストフォロスはキリスト教の聖人で、中世においては旅の守護聖人として人気を博した。カトリック教会の伝承では、イエスを背負って川を渡ったことから、「キリストを背負った者」（クリストフォロス）と名乗るように祝福された。正教会の伝承では、キリスト教信仰を受け入れた、犬の頭をした巨人レプルブスとされる。

ことは私たちに洗礼者ヨハネの伝説を思い起こさせる。聖クリストフォロスのおかげでイエスは川を渡ることができたが、同じくヨハネは川でイエスに洗礼をほどこし、アヌビスは水中で魂の浄化をおこなう。水は死の横断を象徴しているのだ。ヨハネは首をはねられ、アヌビスはその頭部を失い、代わりにジャッカルの頭をあてがわれた。ヨハネは夏至に、アヌビスはシリウスの星と結びついている。アヌビス、ヨハネ、聖クリストフォロスは同じく、おそらく一体となっている。そして、ヨハネと聖クリストフォロスがキリストの到来を告げるのと同じく、アヌビスはイエスの到来を告げる。もちろん、イエスは喜ばしい者である。イエスとは具現化された喜びである。キリストは、燃え盛る恐るべき星シリウスのかつての姿たる夜の太陽なのである。まさしくキリストは犬同様に「王〔Rex〕」なのだ。天と地、生と死の交流を保証する「ユダヤ人の王」たるキリストは、死を司る偉大な犬たちの遠い同類である。他方、過越《ペサハ》がキリスト教的に翻案された移行の祝祭・復活祭において、過越の振る舞いはハトと野ウサギ、はと座とうさぎ座——「こいぬ座（Canis Major）」

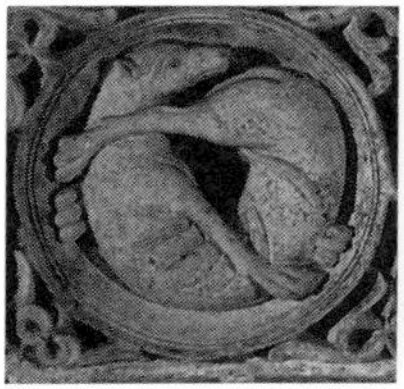

ヴェズレー修道院のティンパヌム全景（右）と部分（左）。(Photo: Micheletb)

をとり囲む二つの星座——よって彩られている。

最後に、福音主義の伝統の深奥に隠されたある偉大な雌犬さえいる——人類の前史における宇宙的かつ性的な雌犬である。一二世紀に建造されたヴェズレー修道院のティンパヌム〔建物の入口上部にある装飾的な壁面〕では、キリストの頭の右上に二匹の犬たちが描かれ、ウロボロスの蛇のごとく互いの尻尾を噛んでいる。この場面を宝石のように縁取っている一二星座のなかで、彼らは七月、つまり酷暑〔*canicule*〕を表している。だが、七月二二日、酷暑の始まりの日はマグダラのマリアの祝祭日でもあり、またヴェズレーはマグダラのマリアに捧げられているので、犬たちが彼女を

ヴェロネーゼ『レヴィ家の饗宴（部分）』、一五七三年。

表しており、そのうえ、この地で、衆目の前で、建築物の礎石の中央に彫刻されて、これをほとんど支えていると考えずにはいられない。この絡み合った犬たちは、おおいぬ座、つまり、女性と神聖な娼婦なのだろうか——余談だが、中世を通じてマグダラのマリアが娼婦と結びつけられていたのは誤りである。おそらく、別の典拠がそれを証明してくれる。最後の晩餐の表現において、〔パオロ・〕ヴェロネーゼ[63]はポインターを前景に、キリストの左側に配して、まるでこの犬がその臣下であるかのように描いた。驚いた宗教裁判所は、犬を消し去るか、あるいは犬をまさにマグダラのマリアに変えるように彼に要求した……。ヴェロネーゼは拒否したが、この絵画

マルセイユ版タロットカードの「愚者」と「世界」。

を『レヴィ家の饗宴』と名づけ直さなければならなかった。

また、マルセイユ版のタロットカード[64]において、犬は最初のカード「愚者」に姿を現す。旅人は自分の宿命を悟るべく旅立とうとするが、犬はそのお尻に噛みついてる。だが、タロットのこの最初のカードと、四人の福音史家に囲まれているので聖処女〔マリア〕ともみ

(63) パオロ・ヴェロネーゼはルネサンス期後期のヴェネツィアを代表する画家。ヴェロネーゼは「最後の晩餐」を描いたが、聖書の内容とは関係のない人物や動物を描き込んだため、異端審問会に書き直しを命じられた。

(64) 現在世界で知られているタロットカードには二種類あり、マルセイユ版は一六—一八世紀頃のヨーロッパで大量生産されていたカードである。もうひとつは、一九世紀に神秘学者のアーサー・エドワード・ウェイトがイギリスでつくったウェイト版である。

なされうる女性が描かれた最後のカード「世界」を重ねてみると、世界の身光でできた肉体をもつ新たな犬が現れる。この犬はヴェズレーの犬たちがつくる輪に似た宇宙の輪を描いている。最初と最後のカードを結びつけると、その中心にはたんに聖母マリアだけではなく、マグダラのマリアも見出されると考えることができる。中世の彫刻家、画家、カード占い師たちは、声高に語ることはできないが、多くの兆候を示すみずからの行いを際立たせることで、マグダラのマリアの本性に関するメッセージを伝達したかったのではないだろうか。もしそうならば、それはどんなメッセージだろうか。『ダ・ヴィンチ・コード』(65)よりもずっと以前にまで遡る秘教的伝統によれば、マグダラのマリアはキリストの妻だったとされる。しかし、彼女が神の雌犬でありえたかもしれないということは、私たちに何を教えてくれるだろうか。

(65)『ダ・ヴィンチ・コード』(*The Da Vinci Code*) は、二〇〇三年に出版されたダン・ブラウンの長編推理小説。小説は世界的ベストセラーとなり、同名で二〇〇六年に映画化もされている。作中で示されるキリスト教をめぐる数々の解釈は論争を巻き起こした。物語の結末では、イエス・キリストがマグダラのマリアと結婚をしており、磔刑に処せられたとき、彼女はキリストの子供を身ごもっていたとされる。

ダーウィンの犬たち

哲学は一九世紀の初めごろ、「宗教からの脱出」をその主要な大義のひとつとした。それゆえ、哲学が犬とも縁を切ること、しかも今度は決定的な仕方で犬と縁を切ると予想されていたかもしれない。しかし、明らかになるのはほとんど正反対のことである。一九世紀の偉大な三人の無神論者、マルクス、ダーウィン、フロイトは犬に夢中だったのだ。

マルクスはサルトルのように「いかなる反共産主義者も犬である」[66]と

(66) 一九五〇年代、共産主義に期待を寄せるジャン゠ポール・サルトルをメルロ゠ポンティはウルトラ・ボリシェヴィスムとして非難し、両者は絶縁するに至る。サルトルは「最後の絆が断ち切れて、私のものの見方は変わ

は考えなかったが、それは彼が三頭の犬——そのうちの一頭の名はウィスキー——を飼っていたからで、エンゲルスの犬の場合は、Namenlosen（名無し）と名づけられていた。フロイトはいつも多くの犬を傍らにおき、犬たちへの友愛のなかに、口蓋癌が引き起こす苦痛に対する安らぎを見出した。とくに、マリー・ボナパルト(67)がフロイトに譲ったチャウチャウ犬のトプシーに安らぎを感じた。フロイトが譲り受けた際、トプシーもやはり同じ口蓋癌に苦しみ始めたのだ。まるで、自分の主人とまったく同じことをしようとするかのようであった。ダーウィンに関して言えば、犬たちへの彼の愛情はあらゆる規範を超えていた。彼は生涯で五頭のテリア（ニナ、スパーク、ピンシャー、シェイラ、ポリー）、レトリーバーを一頭（ボブ）、スピッツを一頭（スノー）、ポインターを一頭（ダッシュ）、そして一頭の巨大なスコティッシュ・ディアハウンド（ブラン）まで飼っていたのだ。まさしくこの犬たちのおかげで、犬のなんらかの秘密の答えがついに見つかったのだとしても、なんら偶然ではない。

進化論からすれば、犬の家畜化は進化の歴史におけるたんなる偶発事、さらに言えば、生命樹からの転落だったのか、あるいは反対に、進化を勝ち取る戦略から生じたのか、という問いが生じる。生物学者スティーブン・ブディアンスキー(68)がユーモア混じりに言うように、その答えは問いのなかにある——狼たちはかつて地球のあらゆる森で主《あるじ》として君臨し

った。反共産主義者は犬である。私はこの説を支持して動かないし、また将来も絶対に動くことはないだろう」と述べている(「メルロー・ポンチ」平井啓之訳、『シチュアシオンⅣ』、人文書院、一九八二年、二〇八頁)。

(67) マリー・ボナパルトは、彼と交流のあったフランス初の女性精神分析家。彼女はフロイトがナチス・ドイツ政権から亡命する支援をした。著作に『女性と性』『精神分析と文化論』など。

(68) スティーブン・ブディアンスキーは、科学学術誌「ネイチャー」、時事解説誌「USニューズ&ワールド・レポート」の編集に携わったのち、歴史や科学に関する著述家として活躍している。動物に関する著作に『犬の科学』『猫の特徴』『馬の本性』『もしライオンが話したら』などがある。

ていたが、今日ではもはや数十万頭しか残っておらず、犬の方は数億頭いるのだ……。

今日では、犬はまず、寄生生物種と同じ方法で進化してきたとされている。犬と狼のＤＮＡの比較に基づいた、犬に関する近年の古代動物学研究は、犬が二つの時代に現れたことを示している。まず、ホモ・サピエンスが現れた三〇万年前頃に、あるタイプの狼が原始の狼からかけ離れていった。この原初の犬は世界中の多くの都市の周辺でいまも生息している野良犬によく似ていたはずである。この犬は、太ったネズミのように、残飯を食べるために人間の居住地に近づき、はじめはそのような存在として受け入れられた。しかし、犬の群れが、その新たな縄張りとなった人間の領地から狼たちを遠ざけたので、まもなく犬はその長所を人間に認められ、今日に至るまで私たちのパートナーになった。人間の墓のなかで発見された犬の最古の遺骸によれば、紀元前三万五千年頃、寄生的関係はこのようにして共生的関係へと道を譲ったのである。

犬はとりわけ人間に差し向けられた魅力的な特徴をいくつも発展させ

た。自分のなかにある、狼から受け継いだ攻撃的なしるしを和らげた。たとえば、唇を剝いて牙を見せることをやめた。耳は柔らかくなり、犬は、社交性の遺伝子に結びついているこの識別の特徴をもった唯一の哺乳類となった。犬は文字通り、みずからを幸せな愚か者だと偽り、その慎み深さが成功への最高の裏づけとなって、みな犬をそう取り違えた。私たちが犬を飼い馴らす以上に、犬は私たちをうまく飼い馴らしたのだ。犬は眼球の虹彩を縁取る白い線、「強膜」を観察することで、人間の意志を推し量る術すら覚えた。この円盤状の膜はアウストラロピテクスにおいて現れたもので、眼球が動く際にどこに視線が向いているのかを、全面的に血色を帯びた眼よりもずっとうまく示してくれる。また同時に、少し離れた仲間の視界に突然現れる危険をこの強膜によって先取りし、生存競争において明らかな優位を得ることができるのだ。当の人間を除けば、犬は、私たちがどこを見ているのかを知るためにこの指示作用を利用する能力を発達させた唯一の動物である（猿でさえこうした能力を発達させせなかった）。さらに言えば、犬がこの能力を他の犬たちとの交流の際には用いないことはよく知られている。眼瞼がとてもよく開くという欠点のおかげで驚くほど人間的な外観をしているバセットのように、ある特定の犬たちは強膜にみえるものを実際にもっているにもかかわらず、である。

反対に、人間はいくつかの務め、とりわけ警戒と用心に関わる務めを取り除くことができた。犬の頭脳とまったく同様に、人間の頭脳はあまりに特殊なものとなった。その結果、犬と人間はついに、脳領の大きさが互いに変わっていくのがわかる。またあらゆる点からして、両者でひとつの頭脳をもっている、あるいは、私たちの頭脳は犬の頭脳と釣り合ったときにはじめて本当に完全なものとなる。

結局のところ、人間と犬は共に進化してきたのである。つまり、種の理論の観点からみて、人間が猿の血を引いているとすれば、ダーウィンは、人間は少なくとも猿と同じくらい、犬の血も引いているのだと考えることができた。だが、ここで、私たちの性と死の物語が再び見出される。というのも、犬が私たちの親でないのならば、この場合、私たちの母親たる雌犬は、無から存在へと導くあの移行の番人は何を意味しているのだろうか。

伴侶動物のための宣言

アメリカの哲学者ダナ・ハラウェイは『伴侶種宣言』(69)において、犬と人間の共進化の理論から結論を導き出している。この共進化によって、私たちがプラトン主義と一神教から受け継いできた自然と文化、天と地、主人と奴隷の分割に立ち戻らなければならない。共進化の観点からすれば、一神教が私たちに想像させるのは、先在する固定された同一性——人間／動物、神／被造物——があること、それに加えて、これら両者の

(69) Donna J. Haraway, *The Companion Species Manifesto: Dogs, People, and Significant Otherness*, University of Chicago Press, 2003. ダナ・ハラウェイ『伴侶種宣言——犬と人の「重要な他者性」』永野文香訳、以文社、二〇一三年。

あいだに創造されなければならない連関、したがって必然的に、憎むべき従属的な絆にほかならない連関があるということだ。目的によって二つの権勢のどちら側にも属する犬は、必然的に、こうした枠組では思考しえない形式へと差し向けられている。存在論的にみて、犬は彷徨の刑に処せられている。[70] そしてこのことは宗教の文脈では人間にも当てはまる。すなわち、天と地のあいだに居場所が見つけられないのは、つねに人間が天にとってはあまりにも地上的で、地にとってはあまりにも天上的だからである。人間はつねに自然を憎み、同じく文化を憎むことになる。人間は人間自身を憎み続けることだろう。

ハラウェイの考えでは、逆に犬の方が私たちにこう考えるように促すのだ——私たちはつねにすでに複合的な存在、そもそも補綴的な存在である、二つの側面をもった唯一の存在、つまり、「飼い馴らされた自然」と「野蛮になった文化」のあいだで分割された唯一の実体を形作っている存在なのである、と。最終的に実に異教的なやり方で、彼女は、文化と自然、サイボーグと動物、寄生者と宿主が解きほぐされないままの新しい不純な身体を称讃している。この身体はとりわけ調教によって創造されるのだが、彼女はこの調教に対して予期せぬ称讃を与えている。

この哲学者が認めるところでは、私たちにとって調教が耐え難いのは調教が過去に粗野な方法で行われていたからだ（また、かつて調教が粗暴なやり方でおこなわれていた以上、これは真実である）。だが、調教はそうした方法とはまったく異なるものである。頭ごなしに叫んだり、叩いたりすることで犬が調教されるわけではない。犬を報償し、勇気づけ、安心させることによって調教はおこなわれる。そしてとくに犬を観察することによっておこなわれるのだ。なぜなら、調教が始まるのは人間ではなく、犬の方からだからである。私たちは、命令を与え、おやつの褒美を与えることで犬を調教するのではない。犬が不注意から私たちに都合のよい仕草をしたとき、おやつを与えることで犬は調教され

(70) ジャン＝ポール・サルトルの実存主義的な表現「人間は自由の刑に処せられている」を踏まえている。

る。ある犬が思わず座ってしまう。私たちはこの犬に褒美を与えて、座る姿勢と「おすわり」という言葉の心地よい結びつきを彼のなかにつくり出そうとする。何度もくり返すことによってはじめて、犬はとうとう結果（「おすわり」という言葉）を原因（座ること）と取り違えるようになる。別の言い方をすれば、動物の調教とは、自然そのものが機能する仕方――トップダウンではなくボトムアップ――を厄介な試験にかけることなのである。それは人間みずからが犬になることであって、犬を人間にすることではない。

とはいえ、文化と自然の分割から犬とともに免れるためには、この分割を無効にするだけで十分だろうか。ハラウェイの図式において、文化と自然が今後は融合していくという点を除けば、両者はつねに他方に対して先立って存在している。一神教においても、問われているのは天と地の分離の解消だけである。一神教においても、調教だけが問われているのだ。本当のところ、異教と一神教はこうした関係のもとで、その特徴を除けば、厳密には同じものであり、まさにこういうわけで両者はかくもたやすく互いの役割を逆転させ、その衣装を交換することができたのである。

ハラウェイの主張は明らかに正しいのだが、人間と動物は相手に対してつねに先立って存在し、また人間と動物は、人間と神に比べれば、互いに異なる本質を有してはいない。要するに、人間は他のあらゆる動物たちと同じく、ひとつの動物である。けれども、人間が動物たちから分離するためには、この〔人間という〕動物は自分自身から分離しなければならなかった。人間は二つに分割されなければならなかった。人間はある他の動物から進化した動物ではありえず、二つの動物のあいだでつくり出された関係の産物にほかならないのである。かつて犬が、まだこのように現存していなかった「人間」の他者だったことを考慮すると、いま一度、ダーウィンの思想により忠実にしたがって、まさに自分の主人を発明したことこそが、犬がおこなった真に決定的なこと、つまり犬の謎なのだと言わなければならないのではないだろうか。

この犬を見よ

生物学者たちは、人間の誕生とは別の謎、すなわち生命の誕生を理解するための実にイメージ豊かな方法をもっている。

あらゆる方向へといくつもの球が転がっていくビリヤード台について考えてみよう。この台は、数々の原子《アトム》がぶつかり合う、いわば原初的な混沌《カオス》である。この台を横切って玉突き棒を置いてみる。球はたがいにぶつかり続けるが、球が当たるたびに、棒はその衝撃を一様に受け止める。別の言い方をすれば、この棒は各々の球の無秩序なエネルギーを吸収し、すべての球のエネルギーの総和と同じ大きさの連続的なエネルギーとして放出するのだ。この棒が、たとえば一種のテレスコープアームのように、このエネルギーを引き出し、活用している様子を少しでも想像してみるなら、棒は台上の自分の側の球たちの動きを制御して、ある球をこちらに導き、別の球をあちらへ留めているのだ。あるいはまた、一方で「野生の」球から〔エネルギーを〕取り出して、他方で、みずからの蓄えとして「飼い慣らされた」球を増やすことができる。組織されたシステムはこのように混沌《カオス》から姿を現す。ホメオスタシス〔恒常性の維持機能〕の総体が可能となるのは、ビリヤードの球の無秩序なエネルギーを取り込むことによって、また台を塞いでいる棒によって球がエネルギーに変換されることによってである。

生物学者たちはきわめて基礎的なこの思考実験から、生命がある膜から生じるという結論を引き出している。それは断絶をつくる紐帯、あるいは、混沌《カオス》的システムを秩序あるシステムへと変えうる帯域である。生命が混沌《カオス》から出現するように、文化が自然から出現したと仮定すると、同じ種類の膜のおかげで、文化は一定の段階にまでたどり着いたにちがいない。

同じこの実験から、私たちは、犬がこの膜だったという仮説を立てることができる。犬は人間にとっての皮膚、人間の第二の皮膚、いやむしろ人間の第一の根本的な皮膚のようなものだった——この外面的な境界から、その対比によって、人間を人間たらしめる内面性を規定することができるのだ。

究極的に言えば、これこそが犬がもっている忠誠の意味である。それは信仰から派生した形式ではない。そうではなく、一神教よりも原初的な信仰であり、心性、神、人間すら欠いた信仰であり、つまり分子状の忠誠なのである。この忠誠は紐帯をつくるものである。そのようなものとして、この忠誠はさまざまな事物をひとつに結び合わせることができる。まさしく、いろいろな原子の電磁気による結合がビリヤードの玉突き棒にその剛性を保証しているように、この忠誠こそが線を引き、糸を張り、膜の輪郭線を描くのだ。犬の忠誠は犬を本質的に団結させ、世界に対して防御壁を築き、自然ならではの野蛮さを和らげ、その野蛮さを愛情という形で復元することができるようにする。

一般的に、犬は同種の動物を筆頭として、存在するあらゆるものを

クールベ『オルナンの埋葬（部分）』、一八四九年。

結びつけ、ひとつにまとめ上げる動物である。ちなみに、犬たちが犬種や体長、年齢についてどれほど互いに無関心でいるのか、そして、瞬く間に群れをつくっていかに喜んでいるのかは、奇妙だが、いつも喜ばしいことである。犬たちは視覚的な動物ではない。彼らは距離について、礼儀正しさ――距離の別名――について何も知らない。彼らは嗅覚的な動物である。匂いを嗅ぎ、何かに触り、身を擦る必要があるのだ。犬たちは共産主義者である。〔名犬〕リンチンチンのように、秩序と体罰を好む警察官として犬たちを好んで表現する人々には申し訳ないが、彼らは左派なのである。たとえば、二〇〇七年夏のギリシア人たちによる反乱に加わった犬ルカニコス、(71)

ボリビア人たちの抗議に参加したペタルド、(72)あるいは、パリ・コミューンが崩壊する様を見た、ギュスターヴ・クールベの絵画作品『オルナンの埋葬』に描かれた犬のように。(73)つまり、犬たちは主人を愛しているのではなく、社会を愛しているのだ。動物行動学者たちが最近発見したのだが、野生化した犬たちは、群れているとき、くしゃみの数が多かった側の意思決定を採用している。犬たちのくしゃみ——これは、猿たちや

---

(71) 財政問題から二〇一〇年代、ギリシアではデモが頻発した。当時役所に保護されていた野良犬ルカニコスは市民の側に何度も参列し、ギリシアのデモのシンボルとして数多く報道された。

(72) ペタルド（スペイン語で「爆竹」）は二〇一五年にボリビア市民の抗議行動に参加して、警察による催涙ガスや放水砲に立ち向かって英雄となった犬のこと。

(73) ギュスターヴ・クールベは一九世紀フランスの写実主義の画家。『オルナンの埋葬』（一八五一年）では、歴史絵画の伝統とは正反対の手法によって、クールベ自身が出席した叔父の壮大な葬儀を写実的に描き出して物議を醸した。

鳥たちの鳴き声の名残にすぎない吠え声以上のもの、つまり彼らの秘密の言語、言語活動の民主的な真の起源なのである。

悪天候[74]

フロイトの記述によれば、「私たちがトプシー（あるいはジョフィ[75]）のような動物をこれほど独特な奥深さで愛せる理由」は、その「裏表のない気性、文明との軋轢――実に耐え難い軋轢――から解き放たれたその飾り気のない生き方、それ自体でひとつの完全な存在であるというその美しさ」にある。[76]

(74) フランス語原文は « Un temps de chien » で、訳註2で記したように、文字通りには「犬の天気」の意味。
(75) マリー・ボナパルト、トプシーらと同じくフロイトの飼い犬のチャウチャウ犬。

うまく表現することはできそうにないが、犬はでこぼこした状態を削いで、あらゆる衝撃を和らげた居住可能な世界を人間に引き渡してくれる。ただ言えるとすれば、フロイトが主張するように、犬はまず「文明から」軋轢を取り除くわけではない。犬が軋轢を取り除くのは、自然そのものからである。

狩人たちは犬を回収犬、狩猟犬、探索犬、鳥猟犬の四つのタイプに区別している[77]。回収犬はしとめた獲物をもち帰ること、狩猟犬は獲物を追い立てること、探索犬は半矢の獲物を追跡すること、鳥猟犬は生きている獣の存在を狩人に知らせることがそれぞれの任務である。鳥猟犬の場合、対象の動物のすぐそばまで近づき、そして主人が到着するまでその場を動いてはならない。つぎに、この犬は獲物の方にそっと忍び寄り、可能なかぎり近づいて、獲物を狩り立てる。そうすると、もはや狩人は撃つだけである。四つのタイプの猟犬のうち、鳥猟犬はおそらくもっともその本性に逆らってその務めを果たす猟犬である。だが、同時に〔獲物を〕釘付けにして〔主人を〕見つめる〔*fixant*〕ことで、この犬はもっともうまく自己実現しているのだ。

犬とは「陰鬱な前兆」、空の雷光のひらめきに先立つ陰性の痕跡である。〔フランシスコ・デ・〕ゴヤ[78]は黒い壁と黄色い砂山の境界に頭だけ浮かび上がる犬を描いているが、犬は昼が夜へと移りゆく場所よりも、昼が

(76) 精神分析家マリー・ボナパルト宛の一九三六年一二月六日付けのフロイトの手紙。
(77) 猟犬の区分は犬種特有の資質に大きく依拠し、また歴史上猟犬のための品種改良も多くおこなわれてきた。例をあげれば、回収犬には記憶力にすぐれたレトリーバー犬、狩猟犬には運動能力にたけたハウンド犬、探索犬には嗅覚にすぐれたビーグル犬、鳥猟犬にはセッター犬（「獲物をセットする」が名前の由来）やポインター犬（「獲物をポイントする」が由来）などである。
(78) フランシスコ・デ・ゴヤは、一八―一九世紀に活躍したスペインの宮廷画家。代表作に『裸のマハ』『着衣のマハ』『巨人』など。自らの別荘を飾るために描かれた一四枚の壁画は「黒い絵」と呼ばれ、本文中で言及されている犬の絵画『砂に埋れる犬』はそのうちの一枚である。

フランシスコ・デ・ゴヤ『砂に埋もれる犬』、一八二〇―一八二三年。

夜を破断する場所にむしろ存在する。犬たちは垂直的な存在で、彼らは鼻先まで上ってくる血と腐敗の匂いを放つ地下へと潜り込み、月に向かって吠え声をたてて、月と通じているのだ。

したがって、古代人たちが見抜いていたとおり、犬たちはたんにその移り変わりだけでなく、その激しさに関しても、天候との関係を保っている。犬たちが天候の主人だというのは、とりわけ、彼らが目によってではなく、鼻を使ってもの見るという理由による。匂いは実際、天候のなかに長く残るのだ。残り香を嗅ぎとることで動物がやって来たことを知り、妊娠した女性の匂いを感じとることで彼女がまもなく出産するのを知る。要するに、匂いを嗅ぐという行為は、つねに過去や未来に生きるということである。かくして犬たちは、はるか太古の時代において、つねに外界にかかりきりになっている状態から、たえず危険に備えているという状態から、私たちを自由にしたのである。つまり、犬たちは私たちに、それなしにはいかなる文化も、いかなる人間性もありえない自由な時間の門戸を開いたのだ。イギリス女王配下の「ウェルシュ・ガーズ〔近衛歩兵連隊〕」は熊の毛でできた巨大な縁なし帽をかぶってぴくりとも動かないが、そんな風に、犬たちは「悪天候」を阻止するため、つまり時間を潰す〔＝天気を殺す〕(79)ために全精力を発揮していると言うことが

(79) « tuer le temps » は「時間を潰す」を意味するフランス語表現。直訳すれば「時間を殺す」だが、temps には「天気」の意味もあるので、「天気を殺す」とも解釈できる。

できる。実際、犬たちがやがて死んでしまうのはおそらくこうした理由からではないだろうか。ガストン・フェビュスはその『狩猟術』のなかで「犬たちの唯一の欠点はあまり長生きしないことだ」と言っていた。キリストが力を増大させるために洗礼者ヨハネの力が弱まらなければならなかったように、また、ヨハネが到来するためにアヌビス自身が消え去ったように、私たちが生き永らえるために犬たちは力を使い尽くすのである。

〔パリ郊外の〕アニエール市には犬たちのための墓地[80]がある。本物の墓地にならって建築され、大理石の墓石や犬たちの名前が彫られた家系の地下墓所がある。その犬たちの名前――スタースカイ、キャラメル、ポテトといった名前――に私たちは意図せぬ俗悪《キッチュ》さを感じて、当惑せずにはいられない。だが、この犬たちの墓碑を無名戦士たちに捧げられた数多くのプレートとみなすなら、ジャケットの襟に刺繡され、記章の上につけられた彼らのあだ名しか私たちに伝えていないプレートとみなすなら、この墓碑はまったく別の様相を呈してくる。すべての犬は人類のために死んだ戦士とみなされうるのだ。イギリスとアメリカの軍人墓地においで、「戦時中に死没した動物たち」にしばしば慰霊碑が捧げられているが、犬たちはすべてその似姿である。スタースカイ、キャラメル、ポテトという滑稽な名の子犬たち、息切れしている雑種犬たち、間抜けな笑みを浮かべる魅力的な馬鹿たちよ、心配する必要はない。ルターが飼い犬のトゥルペルに向かって語ったように、あなたたちもまた、キリスト復活の日に、あなた自身の黄金の尻尾を見つけるだろう。

恐るべき早さで犬が死んでしまうことに慣れた一部の飼い主たちは、飼い犬の死期が近づいてくるやいなや、その代わりを見つける。こうした飼い主たちは多くの場合、同じ犬種を選択する。ときに彼らはその後

(80) パリ郊外のアニエール゠シュル゠セーヌ市のこの墓地は一八九九年に創設され、近代において世界でもっとも古い動物墓地といわれている。入口近くには、遭難者四〇人を救い、四一人目に野犬と誤解されて撲殺された遭難救助犬バリーの記念碑がある。

継の犬に同じ名前をつけさえする（たとえば、イヴ・サン＝ローラン[81]のブルドッグは四世代いて、ほとんど四つの「バージョン」――ムジーク一世、ムジーク二世、ムジーク三世、ムジーク四世[82]――であった）。このようにして、彼らはその人生が続くあいだ、その不変の外見によって多種多様な魂の転生が受け入れられる唯一の犬、総称的な犬に付き添われているのである。こうした方法は野蛮にみえるし、私は個人的に受け入れることはできないが、たとえそうだとしても、まさにこれは犬の垂直性を尊重するすぐれた方法であると思われる。

亡くなった犬の喪に服した多くの飼い主たちは、自分の子供を亡くしたかのような印象を抱きかねない。私自身の体験では、自分がむしろ孤児になったかのように感じたことがある。私が失ったのは子供ではなく、親だったのだ。フランス語のなかには（フランス語に限った話ではない）、自分の子供を失った者の悲しみを想起させる表現は存在しない。だが、みずからを犬の「孤児」だと感じることには別の原因がある。それは、犬がおそらく、子供であるのと同様に、父親や母親であるからである。また実際に私たちが、犬を「愛しいお前」や「ぼうや」と呼ぶよりも「おじいちゃん」や「おばあちゃん」と優しげに呼んでいるからである。

『汝の僕《しもべ》の犬』のなかで〔ラドヤード・〕キップリング[83]はスコティッシュ・テリアの子犬のボットかサヴァトのどちらかに、主人がパイプ煙草を吸うのを「手伝い」、新聞を読むのを「手伝う」つもりだと言わせて

(81) イヴ・サン＝ローランはフランス領アルジェリア出身で、二〇世紀に活躍したファッションデザイナー。クリスチャン・ディオールを経て、自分の名前を関したブランドを設立し、「モードの帝王」と呼ばれるほど大きな影響力を残した。
(82) ムジーク（Moujik）はロシア語で「農民」のこと。
(83) ラドヤード・キップリングは一九―二〇世紀に活躍したイギリスの作家、詩人。イギリス人としてははじめてノーベル文学賞を、四一歳の史上最年少で受賞した。詩集、長編小説、短編小説、そして児童文学でも名声高く、代表作の『ジャングル・ブック』は何度も映画化された。

狼の乳を飲むロムルスとレムス。カピトリーノ美術館蔵。

いる。私はこのイメージについて次のように考えたい。犬とは、私たちの人生が続くあいだ、私たちが存在することを「手助けする」動物なのだ、と。犬とは私たちにとって、母親なのである。フロイトの注意を引いたかもしれない別の神話はこのことを物語っている。それは、狼子供、すなわち雌犬に育てられた孤児の神話である。

まさしく文明のゆりかごを標榜していた都市、ローマの建国物語のことはよく知られている。この物語の舞台に登場するのはショロトルや狛犬のような双子、すなわち、軍神マルスとウェスタの巫女レアの子供ロムルスとレムスである。レアの兄弟〔アムリウス〕に欺かれ、川に投げ捨てられたのち、この兄弟はパラティーノの丘のふもとで一匹の雌狼に引き取られた。この雌狼が彼らに授乳を施し、彼らは叔父への復讐を果たし、都市を築くために十分なほど成長する。しかし、雌狼という言葉が娼婦（ラテン語でluper/lupa）を意味することから、この物語は複雑になる。ただ、これはそれほど驚くべきことだろうか。私たちは犬と女性の類似がたえず展開されてきたことを確認した。そしていま、おそらく私たちはそうした類似の意味を理解し始めている。すなわち、この場合、女性が関係するのはとりわけ妊婦なのだ。犬に似ているというのは、彼女もまた膜を、すなわち胎盤をつくるという点においてである。彼女は境界の番人であり、あらゆる生命が生じてくる源をなす超過と虚無を分割している。ギリシア語で「犬」を意味するkuonと「妊娠した」「受胎する」を意味するkuoはそもそも非常に近い言葉である。広義には、「考える」の意味での〔フランス語〕「concevoir〔着想する〕」は「〔犬が〕子供を生む」という意味でも用いられる。犬、いやむしろ雌犬と妊娠した女性、哲学は一体なのである。

オイディプス王、あるいは、オイディプスという犬

少なくとも、ひとりの哲学者が哲学と犬の関係を把握したことが知られている。ディオゲネスである。犬儒派（kuon）として振る舞いながら、彼は、さまざまな観念を「妊娠した（kuo）」女性というイメージを得ていた。何人かの証言によれば、イエスは彼の学派の遅れてきた子弟だったらしい。このことから、ディオゲネスのことをもう少し説明できるだろう。だが、性と概念のしるしの下で人類と犬の結び目についてうまく語るのは、別のギリシア人、かの伝説的人物オイディプスをおいてほかにはない。

まず、オイディプス神話の大部分の関心の的である「女のスフィンクス」[84]は雌犬である。スフィンクスはしばしばライオンとみなされるもの

ギュスターヴ・モロー『オイディプスとスフィンクス』、一八六四年。

の、犬であることに疑いの余地はない。女のスフィンクスはオルトロス（ケルベロスの双子の兄弟）[85]の娘であり、犬が猫を生むことはないからである。すでに注目すべきことだが、スフィンクスの名はギリシア語で「紐」「結び目」「差し錠」を意味し、それゆえ、「膜」を開閉するものを示している（ここからsphincter〔括約筋〕という言葉がフランス語のなかに残っている）。しかし、さらに驚くべきことに、この謎かけを解くことができた者、オイディプス王自身が犬であり、オイディプス王とはオイディプスという犬なのである。

どこからこのことが分かるのだろうか。ある細部、つまり彼の名がそのことを明らかにしている。「オイディプス〔Œdipe〕」は「腫れた足」を意味する（œdiは「水腫の状態」、podoは「足」を含意する）。この意味は、キタイローン山頂で殺害するためにオイディプスを連れてきた羊飼いが、彼のくるぶしに細縄を通すために穴をあけたことに由来する。子供を運ぶためのこの奇妙な方法について、古代の文献にはいかなる先行例も見つからない。とはいえ、人々は通常、この方法で犬たちをつなぎ

（84）ギリシア神話の「女のスフィンクス（sphinge）」は、美しい人間の女声の顔と乳房、鷲の翼、獅子の体をもつ怪物である。総称的な言葉であるsphinx（スフィンクス）は古代エジプトのスフィンクスも示す。スフィンクスは人間または動物の頭とライオンの胴をもつ動物であり、複数の種類があり、男性も女性も存在する。
（85）ケルベロスとオルトロスはギリシア神話に登場する犬の怪物で、前者は三つの頭をした冥界の番犬、後者は双頭の犬である。

とめていた。犬たちの足根骨（向う脛の始まるところの分離した部位に相当し、実際にこの部分の骨と腱のあいだに穴を開けるのはたやすい）に細縄を通していたのだ。これは犬たちが鎖を引っ張ることがないようにする確実な方法であった。さらに犬儒学者ディオゲネスもまた「足の傷」によって死んだ。それゆえ、六世紀ごろの壺の断片のいくつかは犬の特徴をしたオイディプスを表現しているのである。

まさしく、オイディプスと女のスフィンクスの邂逅という大団円において、足はなおも重要な役割を担っている。実際、女のスフィンクスが彼に担わせる難問とは、「直立姿勢」の謎——「朝は四本足、昼は二本足、夜は三本足で歩くのは何者か」——である。オイディプスが人間という答えに到達できたのは、彼が「足に関する知識」をもっているからだ（同音異義語であるœdi（水腫）と「知る」を意味するoïdaからなるギリシア語の言葉遊び）。別の言い方をすれば、オイディプスは直立できる犬である。結び目（これには本来的かつ比喩的な意味があり、謎かけを解こうとして私たちは「頭のなかに結び目」をつくってしまう）の女主人である女のスフィンクスは、褒美としてオイディプスの足を引き止める「紐（sphingo）」を解く。そうすることで彼女は彼の内に秘められていた人間を解放するのだ。

実際のところ、オイディプス神話は、フロイトがのちに言うように、近親相姦と親殺しの禁止を下敷きにした神話ではない。少なくとも当初からそうした神話だったわけではない。それはヒト化《ホモニゼーション》の神秘に関する神話であり、直立することで人間が動物から離別する様子を捉えた謎を下敷きにした神話なのだ。近親相姦と親殺しがそこに現れるとしても、それはこの問いとの関係においてにすぎない。そこで、オイディプスはどこから「足に関する知識」を引き出すのかと問うことができる。そしてこのときはじめて、性が争点となり始めるのだ。この犬が謎かけを「見破り」、女性の預言者の「差し錠」に「腫れて膨らんだ脚」で入り込むとき、あきらかに、彼は勃起しており〔*bander*〕、そして、彼の体のうちで屹立しているのはたんに前足だけでなく、その性器でもある。オイディプスが足に関する知識を引き出すのは自分の知性からではなく、その肉体から、その欲望から、より正確には、自分を立ち上がらせる奇妙な欲望に彼が貫かれているという事実からである。

おそらく、あらゆる哺乳類は勃起するが、オイディプスの勃起は人間と動物の分割線を消し去るには不十分である。例外として、オイディプスの足は穴が開けられ、性器は毀損されるが、これは男性たちの勃起の特殊性を表現する補足的な事象である。他の動物たちとは異なり、人間は男性器の内部に骨がない。この不在の骨は陰茎骨〔baculum〕、「小さな棒」と呼ばれ、私たちの祖先に気づかれずに見過ごされることはなかった。いくつかの解釈を経て、この骨は「アダムの肋骨」、つまり、イヴがつくりだされた元の骨だろうとされた。女のスフィンクスの謎かけにおいて、老境にさしかかる人間が歩行するのを助ける「杖」はこの骨なのである。

したがって、オイディプスは他のいかなる動物とも異なる動物である。彼は陰茎骨を欠いたまま勃起することができるがゆえに、立ち上がることができるのだ。ここに彼の雌犬－哲学者（kuo-kuon〔受胎する犬〕）との出会いのもっとも奥深い意味がある。オイディプスの神話が語るのは、ヒト化の根幹をなす直立姿勢とこの〔陰茎〕骨の不在にはつながりがあるということ、とりわけ、犬がこの骨の不在の秘密を保持しており、またこの骨なしで過ごしてきた犬が動物と人間の架け橋をなしているということである。

そして、最後の問いが残っている。なぜオイディプスにはもはや陰茎骨がないのだろうか。誰が彼から陰茎骨を奪ったのだろうか。ホモ・エレクトゥス(86)〔直立した人〕と見事に名づけられた者の勃起＝屹立をもはや棒や杖が支えているのではないとして、何が支えているのだろうか。ご存知のように、この不在はある傷と結びついている。この傷は、女の占い師からオイディプスが近親相姦と父殺しを犯すだろうと聞いて、母親

（86）ホモ・エレクトゥス（ラテン語Homo（ヒト）とErectus（垂直な、直立の）からなる語）は更新世に生きていたヒト科の一種。化石としてインド、インドネシア、中国北部、シリア、イラクなどで発見されている。

が彼を羊飼いに託して遠ざけたあとで、彼に課せられた身体的損傷であった。道ですれ違った際に誤って父を殺したまさにそのとき、予言の第一の行為が成就されたこともまた知られている。したがって、この罪はヒト化の過程と深く関係しているのだが、それはどの部分だろうか。ローマに残っていた親殺しの懲罰として、飢えた犬(culleus)とともに革袋で顔を覆われたことを思い起こせば、父親と母親を迂回して、男性と犬を結びつける物語の全貌をすぐにでも語ることができるだろう。

雌の番犬たち

エレウシス(87)の村では年に一度、大地の女神デメテルを祝って、人間に農耕を教授してくれたことへの感謝を表した。その祭りで語り継がれてきた物語によれば、娘のペルセポネーが冥界の神ハデスに奪われたのち、デメテルはもし娘を返さなければ、今後二度と麦を芽吹かせないと脅した。その結果、ゼウスはペルセポネーが、一年のうちの六ヶ月(春

(87) エレウシスは古代ギリシアのアテナイに近い小都市。ギリシア神話の豊作の女神デメテルとその娘ペルセポネーに捧げられた祭儀の中心地として知られる。その具体的な細目は不明なままだが、農業崇拝に基づいた密議によって、入信者たちは死後の幸福を得られるとされた。

から夏まで）は母親と、残りの六ヶ月（秋から冬まで）は夫とともに過ごすことを約束しなければならなかった。収穫時期である九月のはじめに、秘儀を司る祭司たちは幾人かの選ばれた者たちへ季節の循環の秘密、死と回復の謎を伝授した。この秘儀伝授の道具のなかで、キュケオーン〔麦粥〕は重要である。このワインに似た飲み物にはおそらく発酵した麦か、幻覚を引き起こすライ麦の麦角が混ぜられており、精霊たちの王国への来訪にも似た幻覚や恍惚状態を引き起こした。これは、デメテルが悲しみのあまり、〔絶食によって〕ほとんど飢え死にしかかったあとで、はじめて口にした飲み物を象徴していた。だが、それを飲めるようになるまでに長い準備が必要で、そのなかには、陰茎の形をした小像をいじったり、女性性器の外陰部の形をした菓子を食べたりという猥褻な儀式がとくに含まれていた。これらの儀式の目的は、デメテルが力を取り戻すちょうどその前に起こった出来事を思い起こさせることだった。デメテルは宿泊した家でバウボという名の女性と出会うが、彼女がスカートを捲りあげて自分の性器を見せびらかしたために、食欲と、さらには笑顔まで取り戻したのである。

　バウボの性器を見たデメテルをそれほど愉快にさせたのは何だったのだろうか。いくつもの文明にあるこの種の見世物の多種多数な例(88)を知らなければ、また、まさにこの場合、バウボの小像が再び発見されなければ、誰もその理由がよく分からない。ところで、この小像はスカートを捲り、お腹を見せる女性を表現しており、そこには乳房が両目、へそが口、恥丘が髭の生えた顎と行った具合に顔が描かれている。「バウボ」という名がいくつかの事象を意味することも知られている。「眠らせる」、

(88) 同様の神話として、日本では有名な「天岩戸の神話」がある。太陽女神アマテラスは男神スサノオの乱暴に怒って、天岩戸に籠ってしまう。暗闇となった世界で人々が困っていると、アメノウズメが岩戸の前で乳房を露わにし、裳の紐を臍の下まで垂らして、陰部を露出して踊った。アマテラスはこの踊りに笑いながら外に出てきて、世界に再び光が戻った。アメノウズメは芸能や踊りの女神とされる。

その外延から「乳母」（バウボとは「あなたを寝床〔dodo〕につかせる者」と言えるだろう）、「〔男性性器の形をした〕張り形」（したがって、バウボはある種の陰茎骨である）、そして最後に「〔犬などが〕吠える」（大多数のラテン系言語では犬の鳴き声を文字に起こすとき、いまなお「バウ、バウ〔bau bau〕」という書法が用いられている）[89]。

エレシウスの秘儀への犬のこの最初の介入は例外的なことではない。ほかにも実に多くの事例があり、ヘラクレスがその一二番目の功業――ハデスの犬、ケルベロスを連れてくるという功業――をやり遂げなければならないとき、彼はあらかじめエレウシスの秘儀を習得しに来るほどである[90]。ペルセポネーとデメテルの組み合わせは、実のところ、エジプトの偉大な雌犬である女神イシスと、死者と生者の王国の中間にいるアヌビスの組み合わせによく似ている。それは文明化された性質と野蛮化された性質の組み合わせである。彼女らにもまた雌犬たる従者がおり、月に関連する地獄の女神ヘカテーがそのもっとも高い階級に位置している。それゆえ、彼女たちはしばしば、狩りの女神であるアルテミス、そして彼女が従えている猟犬の群れと混同される。その結果、ペルセポネー、アルテミス、ヘカテーはときには三つの頭をもつ単一の女神に凝縮されるが[91]、その頭のひとつは雌犬のものである。

バウボもまた、アヌビスを補佐したその娘ケベフトに類似している。デメテルの息を吹き返させる(そして彼女にともなう自然全体を回復させる)ために彼女が供するキュケオーンは、イシスの崇拝者たちが飲

---

(89) 犬の吠え声はイタリア語ではbau-bau(バウバウ)、スペイン語ではjau-jau(ジャウジャウ)と表現される。

(90) ヘラクレスはギリシア神話の英雄で、ゼウスとアルクメネの子。狂気に陥った際に犯した罪を償うべく、アポロンの神託に従って、ミケナイ王エウルュステウスに士官し、王が命ずる一二の功業をなしとげた。

(91) 古代神話においてヘカテーはペルセポネーやアルテミスにしばしば混同された。後代になるとヘカテーは、処女・婦人・老婆の三相、月の上弦・満月・下弦の三相、過去・現在・未来の三相をもつ女神として、三つの顔と三つの体が合体した三面三体の像として表現された。

んでいたサ（ヴェーダ[92]のソーマ）を想起させる。そのうえ、バウボは吠え声をあげる〔*aboie*〕。誰もがそう語ってきたし（「バウ、バウ」という吠え声）、ここから、彼女は口を開けた雌犬だと考えることができる。ところで、犬の口のなかを見ることは、月経〔*menstruations*〕と同様に、第一八都市[93]で記録されたエジプト文化における二つの重要な禁忌のうちのひとつであった。こうして、バウボの見世物についての謎を隠している覆いの一つ目の端がとれてくる。つまり、口を開けているのは、彼女に自分なりの規律がある＝月経がある〔*elle a ses règles*〕[94]からで、デメテルの目前で晒した髭の生えた人間の頭とは、髭が描かれた恥丘の下を通って首筋まで血が流れている切断された頭なのである。デメテルが笑ったのは、バウボがスカートの下から娘の姦通者の切り落とされた頭を見せてくれたからである。バウボは要するに、「この卑劣漢の男ども全員の頭を切り落としてやる」、さらには、「奴らのペニスを切り落としてやる」と言ったのだ。この「ペニス」は「陰茎の形の張り子」あるいは陰茎骨(baubô)といったバウボの別の姿でもあるなのだ。

そうしてデメテルは食欲を取り戻し、彼女の従僕が差し伸べる赤い飲み物を口にする。彼女が飲むこの憤怒の血が、同時にバウボの月経の血であり、去勢された男根から滴る血の隠喩であるということをいかにうまく言い表せばいいだろうか。農耕地での不作の脅威はデメテルが食欲不振のために月経を失ったことを表現している。彼女がバウボの下腹部を見たあとにキュケイオーンを飲むということは、彼女が月経を取り戻し、再び肥沃な肉体となることを意味する。したがって、新たに立ち上がる自然と月経、去勢における血のあいだに結びつきがあることを意味しているのだ。それは誰もが知っている結びつきで、なぜなら女性が出

(92) ヴェーダ（「知識」の意味）は紀元前一〇〇〇―五〇〇頃にかけてインドで編纂された宗教文書の総称。
(93) 古代エジプトにおいて、地中海に面した下エジプトは二〇の都市（ノーム）に区分されていた。
(94) フランス語régleには「尺度、規則」「月経」などの含意がある。

産するのは、月経が周期的に来る時期と月経が失われる時期のあいだに限られるからである。にもかかわらず、この結びつきは私たちの祖先たちにとってはこの上ない謎であったはずで、その理由はこの結びつきが肥沃さを傷と死に関連づけるからだった。

したがって、私たちはここにきてエレウシスの謎と、その延長としてオイディプスの謎を理解するためのパズルのピースをすべて手に入れている。この謎が私たちに語るところでは、ひとりの男性、ひとりの父親にして死の神であるハデスがある女性、ペルセポネー／デメテルを強姦してしまったが、彼女は宇宙の偉大な雌犬、おおいぬ〔Canis Major〕であった。彼女はハデスに反旗を翻し、その性器に噛みつき、陰茎骨を引き抜いた。それと同時に、彼女はその小さな杖を飲み込み、切断された陰茎から失われた血を飲んだ。これによって男根は勃起した状態となった。より正確には、男女のこの結びつきから生まれた男の子が、春のあらゆる自然がそうであるように、一人で起き上がり、二本足で歩き、そして杖なしに屹立＝勃起するようになったのだ。

エレウシスの謎は、なぜ女性には毎月月経があるのか、また逆に、なぜ男性のペニスは萎えて「休息し」、「眠り込んでいる」のか（baubôの元の意味は「寝床につかせること」）、なぜペニスは女性たちのよき快楽のためにしか起き上がらないのか、を説明してくれる。ペルセポネーを犯したこと、ハデスを去勢したことでお互いに課せられた懲罰が重要である。オイディプス神話では、この姦通とは〔彼の母親〕イオカステーのそれにあたり、また去勢は〔父親であるテーバイの王〕ラーイオスの殺害に相当する。したがってここでもまた、いやここではとりわけ、直立姿勢の謎と近親相姦と親殺しの関係が説明されている。結局これこそが、世界の始まりにおける雌犬たちの存在理由なのである。

あらゆるイヌイット

「エレウシス」はギリシア語の「eulano」に由来するが、これは「私は来る〔Je viens〕」、つまり「私は世界へと来たる＝私は生まれる〔Je viens au monde〕」を意味する。その秘儀は原初の偉大な雌犬と、人間の「世界への到来＝誕生」を司ってきた死の神との神聖な結婚を祝福する。これは文明の誕生にまつわる根本的な神話であり、おそらくもっとも太古の神話、もっとも黙秘したままで、もっとも語りにくいものとはいえ、まちがいなくもっともスキャンダラスな神話である。

おそらくイヌイットたちだけがこの神話を白日のもとで賞賛する。はるか昔から、彼らがイヌという言葉（日本語において見出され[95]、おそらくインプゥ〔古代エジプト神話の神「アヌビス」の古代エジプト語による表記〕の祖である）にその名を負うのは、自分たちが偉大なる雌のイヌから生まれ、したがって「犬の民」や「犬人間」であるという伝説に忠実だからである。彼らによれば、イヌと混沌《カオス》の神は、ハデースとペルセポネー、イシスとオシリスのように、つまりシリウスとオリオン、「おおいぬ〔Canis Major〕」と狩人の星々のように交尾をおこない、人間を誕生させた。だが、「こいぬ〔Canis Minor〕」がこの「原光景」(96)を目撃する。自分が目撃した光景に嫌悪を抱いたこの犬は母親の恋人を牙のひと突きで去勢した。あるいは、激しい怒りにかられて、アヌビスとバウボのように（両者とも自分の「切断された頭」を披露する）みずからを去勢する。すでに足に穴を穿たれていたオイディプスはみずから両目を潰す。だが、その吹き出た血は「おおいぬ」に種を植えつける。この犬から半神半犬の新しい存在が生まれるが、その性器は去勢されて「不活発である」と同時に、死者たちのなかから戻ってくる魂のように、息を吹き返すことができる。この存在こそが人間であり、その呼称はあるときはイヌイット(97)、あるときは魔術的な力を備えた第一のファラオであるホルスであり（彼もまた、死者たちを「目覚めさせる」)、あるときは二度生まれた者ディオニュソス[98]であり、あるときは起立した犬であるオイディプスであり、そしてあるときは私たち――オイディプスたる私たちなのである。

---

(95) イヌイットは「人間」を含意し、日本語の「犬」とは言語上の関連はない。後者の語源には諸説あり、古語「イナル(唸る)」からの転用、「イエ(家)」からの派生、外来語などの説明がなされている。

(96) 「原光景」は、フロイトにおいて、子供が実際に目撃したり、想像したりする両親の性行為の場面を指す。

(97) ホルスはエジプト神話に登場する天空神、太陽神で、鷹、または鷹頭人身の姿で表される。オシリスとイシスの息子であるホルスは、叔父セトの陰謀で殺されるが、知恵を司る神トトによって生き返る。

(98) ディオニュソスはギリシア神話に登場するぶどう酒の神で、バッカスと呼ばれることもある。ゼウスとの子ディオニュソスを妊娠していたセメレは、嫉妬にかられたゼウスの正妻ヘラにそそのかされ、ゼウスの雷電で焼死する。ディオニュソスはセメレの焼死体から救出され、ゼウスの太ももに臨月まで隠されていたので、二度生まれたとされる。

エレウシス〔の秘儀〕において、おそらく人々はこうした誕生を祝って月経の血を飲んだのだろう。つまり、父親の男根からかつて滴った血の思い出を祝うために飲んだのだろう。この血は月経の絶対的な禁忌を生産的な侵犯へと逆転させ、その類比によって、霊魂をあの世へと導く犬たちのように、死者の王国と生者の王国を分断する境界の越境を可能にするのだ。この根本的な神話について、キリスト教徒たちがキリストとして蘇るために今日もなお飲んでいる、ワインに変化した水を反映していないとは言い切れない。春と月（復活祭の卵によって表現される）に関する復活祭[99]、再生の祝祭はこの見方からすれば、エレウシスの秘儀をその二つの象徴を拡大させて驚くべき仕方で改変したものかもしれない。奇跡を起こす復活祭の「うさぎ」、ルポリスの毛は、まるで——ディオニソスとホルスのように——復活するかのように、毎冬ごとに生え変わる。また、聖霊の鳩コロンバの「翼」は、陰茎骨が食べられたあとでこれを代替するもの、人間が棒なしで直立する新しい方法にほかならない。コロンバは女スフィンクスのように翼のある雌犬、もっと言えば、「翼のあるファルス」である。「翼のあるファルス」とは、ローマ人が幸福を運んでくれるようにと好んで身につけたお守りに似ていて、犬が首周りに首輪をつけるように、亀頭の端に鈴をつけたお守りである。マグダラのマリア(100)に関して言えば、彼女が静かに祝福され続けてきた理由は明白である。古代の犬に関する神話の名残があるこの人物はキリストの配偶者ではないが、聖母マリアの代役であり、〔これら二人のマリアの〕一方

(99) 復活祭はキリストの復活を記念する祝祭日で、春分後の最初の満月のあとの日曜日におこなわれる。復活祭の卵を運ぶウサギを示すのに使われる、ギリシア語由来のラテン語 leporis, lepus は、lapin（ウサギ）だけでなく、lièvre（野ウサギ）なども含意する。ヨーロッパでは一般的に、卵型あるいはウサギ型のチョコレート菓子や、コロンバ（columba）と呼ばれる鳩型の菓子パンで祝われる。

(100) マグダラのマリアは、新約聖書の福音書に登場する、キリストの死と復活を見届けた女性。その人物像には諸説あり、元娼婦、罪深い女、あるいはキリストの妻ではないかと議論されている。

はキリストの母であり、他方は人類全体の母なのである。

中世においては、聖杯伝説[101]が集合的無意識のなかでこの奇妙な物語の記憶を生きながらえさせる。不老不死をもたらす血の杯の探求はあきらかにそのしるしであり、いくつかの伝説によれば、マグダラのマリアによってこの血が東方から運ばれてきたかもしれないという話はこのことを裏づけるばかりだ。この新しい民族伝承においてとりわけ思い描かれているのは、「狼男」と不可思議で恐ろしい「黒犬」バーゲストの伝説である――この犬の通り道と交差する者は誰でもすぐさま死んでしまうと言われており、その名〔Barghest〕は文字通り「墓の精神」（Geist〔精神〕とBier〔墓所の棺〕）である。

一八世紀、ドイツの神秘主義者ニコラウス・フォン・ツィンツェンドルフ[102]による「血と傷」の神学はこれらの伝説の記憶になおも結びついている。犬たちに対するルターの愛と、神の肉体的死というきわめてプロテスタント的な崇拝を結びつけて、その賛美歌のひとつが次のように表明する。「哀れな子犬のごとく、イエス・キリストの血まみれの傷を舐める者、この者は本当に純真な者である」。——ここに、「イスラエルの血を舐める犬」、バラク〔本書五三頁以下〕の姿が認められるだろう。ツィンツェンドルフはさらに、血を（キリストの血を飲むことを）恐れるキリスト教徒は水を恐れる魚も同然だと語る。血染めの儀式を自慢としているウィーンのアクショニスト、ヘルマン・ニッチュ(103)はおそらくこの

(101) 聖杯伝説は聖杯を追い求める騎士道文学を指す。一五世紀ごろ、武勲詩から発展して成立した。キリストが最後の晩餐に用い、また十字架上のキリストが流した血を受けたという聖杯を騎士たちが探求する物語である。

(102) ニコラウス・フォン・ツィンツェンドルフは一八世紀ドイツの貴族。モラヴィア教会を組織し、宣教師を世界各地へ派遣した。

(103) ヘルマン・ニッチュは現代オーストリアの芸術家。一九六〇年代に動物の臓物、死骸、血を用いたパフォーマンスアートを開始し、ウィーン・アクショニストとも呼ばれた。そのパフォーマンスはギリシアのディオニュソス祭やキリストの受難を典拠としており、現代文明への疑問を提示している。

ことを想起したのだろう。ヨーゼフ・ボイス[104]は死んだ野うさぎ（ルポリス）を手に抱え、ルネサンス期の聖母像のように金箔で覆われた表情で、ケージのなかのコヨーテを「杖」で、また陰茎骨で挑発した。彼ら以前には、最後の手紙「ディオニュソスあるいは十字架にかけられた者」に署名して、鞭打たれていた馬の首に飛びついたフリードリヒ・ニーチェ[105]もまた、復活祭やエレウシスについて知らないことなど何もなかっただろう。

結局、大衆文化において非常に有名な二人の人物が、察しのいい人々に対して、この深い謎を別の形で明示している。それは赤ずきんとドラキュラ伯爵である。赤ずきんは確実に少女というよりは少年である（一九世紀まで赤は少年の色、青は少女の色だった）。その祖母との自然に反した性的行為の際に、赤ずきんはむさぼり食われ、すなわち去勢される。祖母は実は狼であった。むしろより正確には、祖母の姿に変装した狼、つまり、おとなしい外見をしている狼がまさに犬にみえたと考えるならば、祖母は犬であった。ドラキュラに関して言えば、彼はブラム・ストーカーの小説の冒頭で、ロシアの難破船デメテル号の甲板から英国領沿岸の〔港町〕ホィットビーへと躍り出る「黒犬」、つまりバーゲストの特徴を備えた姿で登場する。黒犬と同様に、ドラキュラは夜になると、つまり、ヘカテーの星たる月とともに姿を表す。なぜなら、月の周期とは月経の周期であり、月経は彼が飲む血のまさに源であり、かつ

(104) ヨーゼフ・ボイスは現代ドイツの美術家・社会活動家。現代芸術家としてパフォーマンスアートで名を馳せたほか、彫刻、インスタレーション、ドローイングでも多くの作品を残した。また、デュッセルドルフ芸術アカデミーの教授職を解雇されたことをきっかけに、社会運動にも関わった。

(105) フリードリヒ・ニーチェは一九世紀ドイツを代表する哲学者。「神は死んだ」としてヨーロッパ・キリスト教への批判を深め、ニヒリズムの克服を主張した。晩年、狂気の発作からトリノの市の往来で馬に飛びつく騒動を起こし、友人たちによって精神病院に入院させられた。著作に『悲劇の誕生』『ツァラトゥストラはかく語りき』など。

(106) ブラム・ストーカーは一九―二〇世紀に活躍したアイルランドの作家。代表作『ドラキュラ』のほか、『ドラキュラの客』などを著した。

てのキュケオーンとソーマと同じく、彼に不老不死を与える根拠だからだ。やはり犬のごとく、彼は人間に嚙みつき、それればかりか、嚙み付くことで人々を感染させる。狂犬病〔rage〕に罹患するように、人間が今度は吸血鬼となる。古代において、狂犬病は悪をもって悪を制するという先祖伝来の規則にしたがって、まさに月経の血を嚙み傷に塗布することで治療可能だと信じられていた。同様の精神で、ローマ人たちの盛暑祭では、いきりたった＝狂犬病に罹患した〔enragé〕天体である恒星太陽を鎮めるために赤毛の犬たちが供儀に捧げられた。なぜなら、赤毛の生き物は月経の期間におこなわれた性行為の産物だと信じられていたからである。

ドラキュラ、祖母の姿に変装した狼、あるいはアーサー・コナン・ドイル(107)を名祖とする小説におけるバスカヴィル家の犬(108)は、ゲーテの『ファウスト』の結尾で黒いバルビー犬(109)の姿で登場する悪魔とまったく同様に、各々の仕方で、古代エジプトから語られていた犬の根本的な曖昧さ、とりわけ、その性的な曖昧さを具現化しているのだ。ただ犬だけが、たん

に生と死、自然と文化、男性的なものと女性的なもののあいだの越境者

(107) アーサー・コナン・ドイルは一九―二〇世紀に活躍した作家・医師。探偵シャーロック・ホームズを主人公とする連作推理小説の著者として知られているが、その作家活動は歴史小説、冒険小説、SF小説など多岐のジャンルにわたる。著作に『緋色の研究』『バスカヴィル家の犬』など。ホームズの有名な台詞に、「わたしは犬であるかもしれないが、けっして狼ではないのです」という台詞がある。

(108) ドイルの著作『バスカヴィル家の犬』に登場する、「魔の犬」と呼ばれるグレート・デーン犬のこと。

(109) ゲーテは一八―一九世紀に活躍したドイツの文人・自然科学者。詩人・作家としてドイツ古典主義を完成させた一方、自然科学の領域でも功績を残した。代表的な戯曲作品『ファウスト』は、ファウスト博士が悪魔メフィストフェレスと契約を結んで享楽に溺れ、少女グレートヘンを悲劇的な死に追いやり、その罪を贖おうとする。このなかでメフィストフェレスが変身するバルビーとは、もっとも古いフランス原産のウォータードッグ犬種であり、プードルの先祖である。

としてではもはやなく、文化の創造者、人間性の創造者としてここに現れるのである。犬とは家畜化された存在ではなく、家畜化をおこなう存在であり、偉大なる文明の伝道者であり、そして、そのような存在でありながら、逆説的に、偉大なる去勢者でもあるのだ。

よく知られたエジプトの物語「二人の兄弟」は、いかにして雄牛のバタが、犬アヌビスの妻によって評判を傷つけられ、その恥辱から去勢されたのかを物語っている。それはこの物語全体の最終的な例、本源的な母型である。バタ（おうし座α星）は性器を切除しなかったがゆえに、アヌビスによって性器を噛まれた。ロムルスとレムスがカピトリウムの丘にいた犬の乳房から乳を、つまり彼らの父なる神の血を口にしたのちにローマを建国したように、アヌビスはかくして雄牛を去勢された牛に変えて文明化し、同時に文明の基盤を確立したのである。

動物のような性交

「犬が私の関心事であって、それ以外の何ものでもない。なんとなれば、犬のほかにいったい何が存在しているのだろうか。この広い荒涼たる世界で、犬以外の何ものに私たちは呼びかけることができるのだろうか。すべての知識、あらゆる問いとあらゆる答えのすべては、犬のなかに含まれている」[110]。その断片しか残っていないフランツ・カフカ[111]の短編「ある犬の探求」のなかで、ある一匹の犬はこう語っている。

(110) フランツ・カフカ「ある犬の探求」、『ある流刑地の話』本野亨一訳、角川文庫、一九六三年、二六六頁。
(111) フランツ・カフカは二〇世紀を代表するドイツ作家。日常性の奥にひそこの「犬哲学者」の人物像のなかに、思慮分別の思い上がりとその由来に対してカフカが示す、いつもの皮肉な主張を見つけるのはたやすい。だが、カフカは心から犬たちを愛していた。その証拠に、カフカのことがわかるもっとも有名な写真では、カフカとその女友達のハンジのそばに座っているドイツ・シェパードの耳を彼は愛情深く握っている。それゆえこのテクストのなかには、逆に、犬になったカフカ、彷徨っていて空腹のまま殴打される犬になったカフカ自身という実に個人的で率直な表現を、つまり、二〇世紀初頭の中央ヨーロッパにおいてユダヤ人たちに課された条件の表現、ユダヤの指導者《ラビ》（の）犬としての自画像をみることができるのである。だがこの場合、彼が語る犬たちのそれほど独特な知識とはいかなるものなのだろうか。

この短編の続きはそのことについて語ってはいない。あるいはむしろ、犬である語り手がこのあとすぐに付け足しているように、犬たち自身がそのことを明らかにすることを拒む。彼らは「食料庫よりも口を固く閉ざしている」のである。語り手である犬でさえ、自分が知っていることを明らかにすることができない。それゆえ、カフカにおいてしばしばそうであるように、真実が与えられねばならない場そのものにおいて、当の真理は身を潜めているのである。

犬たちには「声だけが欠けているよう」にみえる。これはそれほど確かなことだろうか。むしろ、彼らが私たちの大なり小なりの秘密を知っているせいで罰せられるのを恐れて、口をつぐんでいたのではないだろうか。極度の恐怖に打ちひしがれた人のように……あるいはむしろ、デメテルのごとく、笑いの発作に襲われた人のように、犬たちが自分の言語を失ってしまったとしたら？　犬たちが、自分たちをつなぎとめる秘密によって、つまり、禁忌であり神聖でもある物体を交換し合う秘儀伝授の儀式のあいだに起こることを何も語ってはいけないという義務によって互いに結びついている、エレウシスの祭司たちのような存在である

む生の不条理を描き、実存主義文学の先駆者とされる。代表作に『変身』『審判』『城』など。

としたら？

カフカがこのことをほのめかすのは、今度は彼が犬をオイディプスの表象とするときである。語り手はその原因がわからない有罪判決によって打ちひしがれている。そのうえ、偶然にも、彼は若いころから「四本足」で歩いており、思春期には「二本足」で歩行する風変わりな「犬の音楽家たち」に出会い、老境には「一本の足を引きずる」（つまり「三本足」で歩く）猟犬と出会う……。人間とは何者なのかを犬が知っていることをカフカは理解していたのであり、また、彼がそう表現することができないのは、彼の羞恥心のせいだ、というほかないだろう。というのも、人間とは結局、「直立する犬」、すなわち勃起する性器だからである。

これは、書き間違いを装っていなければ、犬に関するドゥルーズの残酷な定式「動物界の恥」が明らかにするものでもある。愚かさへの珍しいこの接近においてさえドゥルーズがなお天才的であるのは、彼がそうすることで、犬が恥と結託しているという本質をうまく指し示しているからである。もっぱら犬が私たちの恥を担い、私たちの外陰部＝恥[pudenda]を担っているのである。(112) そして、私たちがそのことについて無意識ながら何かを知るのは、犬を去勢するとき、まるで露出狂がそうするように、通りがかりのみんなに犬を撫でさせながら街路を散歩させるとき、棒、つまりバウボンを使って犬たちを興奮させるときである。

犬は私たちの恥を知っており、それが犬の秘密であり、だからこそ犬は沈黙している。おそらくそういうわけで、私たちはときに犬のことを悪く思ってしまう――私たちのことを実にくわしく知っているのを悪く思ってしまう。だからこそ、私たちは好んで犬を隠してしまう。こういう理由で、犬は文化のなかでほとんど姿を見せない、あるいは変装して獅子や熊――理想的で、尊大で、文字通り男らしいファルスというシンボル――の格好で、否定の形で称賛されて現れるのだ。とはいえ、現実

(112) pudenda はもともとラテン語で「恥」を含意し、フランス語や英語で性器の「外陰部」を意味する。

には、犬はいたるところに存在し、私たちの内に存在し、犬とは「私たち」である。犬が見つけることのできない存在であり、忘却され、嘲笑され、あるいは逆に、偏執的なほど褒めそやされるのは、そのもっとも深い理由として、犬が私たちの起源の不可能な名以外の何ものでもないから、また、誰も見ることができない、かつて私たちを誕生させた性交のイメージにほかならないからである。

要するにこれが、フロイトが狼男に精神分析を施す機会に、「エディプス・コンプレックス」の意味を発見することで明るみになった「抑圧」の意味である。[113] この狼男は正確には「犬男」であることがわかる。なぜなら、フロイトが指摘するように、犬は（「半－狼〔Mi-Lou（p）〕」とタンタンが言うように[114]）「去勢された狼」にほかならないからだ。――両親が「動物のように背後から〔a tergo more ferarum〕」性交している様子を思いがけず見つけた子供はみな、母親を「大きな雌犬」としか識別できず、その結果、自分を子犬と同一視するしかないとフロイトは説明している。エレウシスにおける「こいぬ〔Canis Minor〕」のように、狼男にとってこの場面は去勢の形式に類似している。この場面は噛みつきたいという欲望を彼に与える。しかしながら、オイディプスが両目を潰したように、無力と罪責感から彼が傷つけることになるのは自分自身である。彼は自分が見たものを「忘れるために」自分の陰茎骨を引き抜くのだ。だがそうすることで、彼が成功する行為は自身のなかに見た犬を隠すこ

（113）フロイトは「狼男」と呼ばれるロシア貴族の男性を臨床し、その記録と考察を一九一八年に「ある幼児期神経症の病歴より」として公表した。両親の性交を目撃した記憶から、彼は四歳頃、窓の外の木に白い狼たちが座っているという夢を見て、不安ヒステリーを患うようになる。そうした不安をキリスト教信仰によって抑圧することで恐怖症は解消されるが、彼はその代わりに強迫神経症に苛まれてしまう。

（114）タンタンは、ベルギーのバンド・デシネ作家エルジェによる連作作品『タンタンの冒険』の主人公の少年記者。彼は相棒のワイアー・フォックス・テリアのスノーウィ（フランス語ではMilou）と行動をともにする。アリザールはこのMilouを同じ発音のMi-Lou（p）（半分の狼）と記している。

とだけなのである。

無意識とは黒犬である。それは、満月の夜に私たちに取り憑く、狼男や私たちの内なる狼たちのようなバーゲストが生きている「精神の墓」なのである。

カインのしるし

私はこの本を喜びのしるしでしつらえた。犬が抱く実に大きな喜びの雰囲気、この喜びがつくり出した謎やスキャンダルのしるしでしつらえたのだ。この謎に対する返答とは、オイディプスが女スフィンクスの謎かけに示した返答、バウボがデメテルへ与えた飲み物、そしてフロイトとダーウィンが人類にもたらし、人類を騒がせた、人類のさまざまな起源についての残酷な物語にほかならない。犬が陽気なのは、犬が人間をつくり上げ、人間を性器のごとく仕立てあげたから、しかも、タロットカードの「愚者」の犬のように、地獄の神の生殖器の部分に噛みつくことで人間をつくり上げたからである。デメテルのように、犬は自分で用意した見事な茶番で死というものを笑うのである。

犬は自分自身に対して人間を誕生させた。すでに確認したように、犬は外界に対して、みずからの体で膜をつくった。だが、犬はまた、自分自身に対して精神的に人間を誕生させた。神と悪魔、保護者と破壊者であり、それ自身は善でも悪でもある包括的な母の両義性に似て、糧と欲求不満をもたらし、「饒舌」な膣と「歯の生えた」膣たる犬は、その体で私たちの世界の内部に膜をつくったのだ。私たちのくぼんだ無意識に、すなわち、抑圧の限界によって、無意識、欲望、膜の緊張とともに描き出される空間に犬は住み着いた。ここから吹き出す欲望は私たちを直立させ、欲望の「翼」がそれ以後、私たちの杖の代わりとなる。かくして、その互いに識別しえない状態で人間と犬が往復し合う際に、人間の発明がまさになされたのである。

犬が人間を創造したのは、進化の闘争で人間の代わりに勝利を収めるためである。犬が文化を発明したのは、自然がみずからを超越し、お返しに犬自身を保護してもらうためだ。原始の犬から家畜化された犬への移行期が証し立てているのだが、その時期はホモ・サピエンスがその最初期の壁画を生み出した時代にも符合している。別の言い方をすれば、人間が人間自身を産み出す時代に、人間がまさしく文化のなかへ、そして歴史のなかへと足を踏み入れる時代に符合しているのである。

逆もまた同じで、犬のおかげで人間はみずからを発明した。犬のイメージにならって、人間は欲望の世界へと入り込み、欲求の自然な支配を放棄し、文化の王国へと至ったのだ。まさに犬になることによってこそ、人間は新たな肉体で再び生まれたのだが、この肉体はもはや腐敗することはない。つまり、精神的な肉体、「自己意識」の肉体は人間固有の尊厳を築くのだ。

人間の祖先は犬であり、したがって犬の喜びは、子孫に遺伝子を残す

---

(115) 女性器の膣に歯が生えていて、男性を誘惑したり男根を嚙み切ったりするという民話は世界各地にみられる。フロイトはこうした「ヴァギナ・デンタタ（歯の生えた膣）」の概念に精神分析的解釈を施し、男性が抱えている「去勢不安」の表れだとした。

ことに幸せを感じる親たちの喜びに酷似している。犬は半神を創造したのであり、犬がそれほど格好良くみえるのは、犬が自分の務めを果たしたからである。犬には成長しなければならないという懸念はもはやない。犬は人生の休暇《バカンス》の最中にいる。四六時中ぶらぶら歩いている者、日常生活を通じた旅行者なのだ。たとえ「天上の」存在であったとしても、『わんわん物語』[116]のトランプのような粋な浮浪者ではなく、退職した大使、あらゆる戦争から帰還した帝国元帥である。犬こそが動物の真の王なのである。子犬たちが綱を引っ張って、肩を真っ直ぐにして歩く様子は戦いへと急き立てられている若い士官のようであり、老犬たちが慌てずに急ぐ様子はあらゆる経験を積んだ枢機卿のようである。飼育されて成長した場合には貴族風の長々とした名前をもち、あるいは軍隊のあだ名をもって、犬たちは、現存するイエズス会のように、共に犬の団体を形成するのだ。

それでも犬たちはなおも喜んでおり、むしろ心優しく、ほとんど卑猥な喜びで浮かれているのだが、それは犬たちが発明した人間が彼らに対して秘密をもたないからである。バウボのスカートの下にある斬首された頭を見てデメテルが笑ったように、犬は喜んでいるのだが、それは、いまや犬にとって敬服の対象たりうる人間、犬がつくったこの偉大な人間が何者であるのかを犬が知っており、人間の性器を見たから、人間を性器として見たからである。母親がその子供を眺めるように、犬は人間を見たのだ。そしてこういうわけで、犬はその主人たちとあれほどまでに喜んで遊ぶのである。そのように遊んでいられるのは、犬よりもずっと滑稽である私たちを前にして、犬たちは笑いものになることへの危惧を何らもたないからである。

『創世記』での記述によれば、カイン[117]が罪を犯したあと、彼を罰そう

(116)『わんわん物語』はディズニーのアニメーション映画。ニューイングランドの家庭の飼い犬、コッカー・スパニエルのレディが家出し、雑種の野良犬トランプと出会うという物語。

(117) カインは『創世記』に登場するアダムとイヴの息子で、アベルの兄。兄

とする人間たちから守るために、神は彼にある「しるし」を刻印した。だが、このしるしの性質について、これ以上のことは知られておらず、それゆえ「カインのしるし」は多くの解釈者たちの想像力をかき立てた。それは不名誉なしるしでなければならなかったので、何人かの解釈者たちはらい病のことだと考えた。つまり、カインがアベルへの償いを続けるあいだ、人間たちは彼に触れることができなかったのである。別の解釈者たちの考えでは、このしるしはむしろ防御であり、その形はカインの額から生えたとされる雄牛の角だった。あるミドラーシュ(118)はカインに関して、神が彼に一匹の犬を与え、その犬こそがしるしなのだと示唆している。犬が「不純」であったがゆえに、汚辱のしるしが残っているあいだ、カインを復讐から守ったと考えれば、この仮説には納得できる。だがさらに別の説明はより信憑性が高い。たしかにミドラーシュのなかに犬が姿を現すたびに、性器の隠喩として役立っている。犬は割礼を受けていない人々、みだらな男根をもつ者たちを示している。こうして、次のように想像することができる。カインのしるしが犬であったと主張しながらこのミドラーシュの作者が言いたかったことは、このしるしが巨大な性器だということだ。この性器はあまりに大きいので、作者は、怪物や見世物の獣のように、同時に魅惑と嫌悪の対象としたのだろう。古代全体を通じて、小さな性器をもつことが文明の証拠だっただけに、これはよりいっそう説得力がある。ギリシア人とローマ人の像がこのことを証し立て、犬とファルスがどれほど結びついていたのかはすでに確認した通りである。

弟は神ヤハウェへ供物を捧げたが、ヤハウェはカインの供物である子羊を無視した。それを恨んだカインはアベルを殺害する。ヤハウェにアベルの所在を尋ねられたアベルは嘘をつくが、大地に流れたアベルの血から真実が発覚し、カインはエデンの東へと追放される。ヤハウェはカインにしるしを刻み、カインを殺すものには七倍の復讐がもたらされると人々に伝えた。

(118) ミドラーシュとはヘブライ語で「捜し求めるもの」の意味をもつ聖書解釈法「デラーシュ」と、そこから派生した文学ジャンルを指す。

私たちが、雄の私たちがこの歴史以来担ってきたもの、それは両脚のあいだにある性器ではなく、滑稽な仕方で二本足でまっすぐ立つ犬である。たとえば、犬は気が向いたとき、けっして長い時間ではないが、プードルのように、あるいはカフカの物語の音楽家の犬のように、二本足で立つのだ。私たちが犬を担ってきたということは、私たちがまさに犬たちと互いに紡ぎ上げてきた物語——どこか笑みを誘ってしまう物語の成果なのだ。

咆哮《ビッグバーグ》

数年前、ポンピドゥーセンターにおけるピエール・ユイグ(119)の展覧会の通路で、一匹の雌犬が散歩する様子を見ることができた。それはポデンゴ犬——アヌビス、ショルトル、女のスフィンクスたちがおそらく属し

(119) ピエール・ユイグはフランスの現代美術家。はじめ生物学を学んだが、芸術に興味をもち、パリの国立装飾美術学校を卒業する。一九九〇年代からフィクションと現実の関係を探る映像作品を発表し、美術館・展覧会・近代建築・著作権・祭事などに潜む制度に注目したプロジェクトを展開してきた。ここで言及されている展覧会は、二〇一三—一四年にパリ・ポンピドゥー・センターで企画された回顧展を指す。

ていた原始の犬種——であったが、エジプトやアステカの神々とは反対に全身が白く、その片方の足は鮮やかなピンク色だった。文明の奇妙なしるしが残されたこの雌犬は、死から生へと逆行する道をつくったとされる犬に似ていた。[120]だが、さらに私たちを当惑させたのは、この犬の名前が「ヒューマン〔人間〕」だったことである。この犬によって、犬と見学者のうち、どちらが動物かという自問自答を余儀なくされたのだ。女のスフィンクスの「私は何者か」という問いが人間に投げかけられたとき、その答えは奇妙にも「私は犬である」とならなければならないのだろうか。そして、この問いが犬に向けられたとき、その答えは反対に「私は人間である」とならなければならないのだろうか。アルベルト・ジャコメッティ[121]は、ジャン・ジュネ[122]から、「歩く男」しか制作してこなかった君がなぜ犬を彫刻したのかと問われて、同じようにこう答えた。「それは私です。ある日、自分が街路の上でこうみえたのです。私は犬だったのです」と。ウィリアム・ウェグマン[123]がマン・レイ[124]という見事な名をつけたポインター犬が自画像を観察するとき、この犬は自分自身に

(120) この作品は« A Way in untilled »(二〇一二年)で、日本語で「未耕作地の道」を意味する。犬が右前足だけをピンク色に塗られて作品に登場するが、この回顧展では実際の犬が会場を歩き回っていた。

(121) アルベルト・ジャコメッティは二〇世紀のスイスの彫刻家・画家。シュルレアリスムの代表的彫刻家として活躍し、大戦後に発表された人物像は総じて極端に細長く、人間の実存を表現したものとして高く評価された。

(122) ジャン・ジュネは二〇世紀のフランスの詩人・作家。流浪や投獄を経験し、男色と犯罪の世界で、汚れが聖なるものへ逆転するさまを鮮やかに描いた。代表作に『花のノートルダム』『泥棒日記』など。

(123) ウィリアム・ウェグマンはアメリカの現代写真家・芸術家。一九六〇年代後半からシュルレアリスムに影響を受けた絵画・写真・ヴィデオ作品を発表した。七〇年代に発表された、ワイマラナー犬(ポインターに分類されることもある狩猟犬の一種)のマン・レイにさまざまな扮装をさせたポートレイトが有名で、そのなかにはマン・レイが自分の頭部の影像を眺めている写真がある。

(124) マン・レイは、二〇世紀に活躍したアメリカの画家・写真家。一九二〇年代に渡仏し、パリでダダイスト、シュールレアリストたちと交友した。レイヨグラフ・ソラリゼーションなどの写真技法を発案し、写真芸術に大きく足跡を残した。

ついて「私は人間《マン》、レイだ〔I'm the Man, Ray〕」と語っているようである。

狛犬のように古代の犬たちが二つに分離しているのは、世界の二重性を示すためだけではない。犬たちが二匹であるのは、人間と犬が互いに逆さの状態で理解し合ったということ、より正確には、二匹の犬のあいだに、つまり、お互いの姿と吠え声――「あ」と「うん」――を逆さに無限に反射させ合う想像的な犬と現実の犬のあいだに穿たれた空虚な場に人間が現れたということへ私たちの注意を向けさせるためである。

シッダールタの雪獅子は咆哮するときに「大いなる空虚」（空《シューニャター》）を発するのだが、それはカルマ〔業〕を悟る瞬間、すなわち、いかなる事物も実在しない場所で生の意味が開示されることの会得を示している。だがこの〈空虚〉は〈無〉ではない。この咆哮は、みずからが引き裂いた空虚の中心部へと〈自己意識〉を到来させる膜でもあるのだ。そしておそらく、宇宙全体はこのように、最初の〈偉大な犬〉、最初の〈偉大な吠え声〉、つまりビッグバン、いや、ビッグ・バーグ〔咆哮〕によって創造されたのだ。宇宙全体は創造された〔créé〕というよりも、叫びをあげた〔crié〕のである、そう、胎盤膜に穴をあけたばかりの新生児が放つ原初の叫びのように。

おそらく、〈自我〉とは宇宙の原初の時代に生まれ、ある種の円や原子の内面性の境界をすでに定めていたさまざまな電子の動きを伴っていたのだろう。地殻はおそらく、大地の内的な〈自我〉を規定しているのだろう。水の張力は海の〈自我〉を、免疫システムは身体の生物学的〈自我〉を、DNAに書き込まれた規則は生物の象徴的な〈自我〉を規定しているのだろう……。おそらく犬は各個体を逸脱するこの広大な物語の最終段階にすぎない。そして、エジプトを脱出する際に犬たちがモーセに渡したように、今度は私たちがそのバトンを証拠として握らなくてはならないのである。

実際、犬たちは自分たちの物語を続けるために私たちを当てにし、また犬たちとともに、動物全体が私たちを当てにしている。犬だけではなく、ありとあらゆる動物が私たちを注視しており、犬のあの喜びを分かち合っている。大きな猿たちはひどく陽気でいることができる。鳥たちは偽善的になることができる。馬たちは感謝の念を抱いている。昆虫たちには愛情を示す能力がないなどと誰が知っているのだろう。昆虫たちは犬たちが知っていることを多少は知っている。たんに、昆虫たちがさほど明白でない形でそう示しているだけだ。「動物〔animal〕」という言葉のなかには、魂や精神を意味する〔ラテン語〕animaがある。動物たち、つまり、犬たちや植物たちが、おそらく石すらもが私たちに委ねているのは、大地の運命を実現し、季節の循環を保ち、生と死との均衡を見張ることを、要するに、エレウシスと復活祭の秘儀というまさに精神の秘儀を守ることである。そして、あらゆる動物たちが抱く大きな喜びを曇らせうるとすれば、それはひとえに、私たちが彼らの期待に対処しえないからである。私たちが獣たちに対して義務を負っているとすれば、それは結局、彼らを苦しみから守らねばならないというよりも——残念ながら、生きることが「精神のゴルゴタ」(125)（ヘーゲル）とならないようにすることは私たちの能力の範囲にはないからだ——、動物たちが私たちに与えた希望を裏切ってはならないという義務なのである。

(125) ヘーゲルは『精神現象学』の結尾で「絶対精神の記憶とゴルゴタの丘」という表現を用いて、歴史とは苦痛と死に満ちた広大な納骨堂であるとした。

ガブリエル

クリフォード・シマックの予見的な小説である『都市』は、人間本性に関する当時の悲観主義に深く特徴づけられている。実際、おそらく、人類はみずからの責務に、人類に課せられる唯一の最終的な責務に背いたのだと考える覚悟をしなければならないのだろう。私たちが大地に対して違反を犯したので、おそらく私たちは犬を裏切ったのだろう。ならば、いったい誰が、私たちよりもうまくやれるというのだろうか。

シマックがどう考えようとも、私は、犬たちが再び私たちを救ってくれるとは思わない。逆に、おそらく私たちは犬になることによって、みずからを救うことになる。これは、未来が犬たちのものであるというシマックのビジョンの深い意味であろう。自分たちの跡を継ぐことのできる創造者の産婆–犬に私たちがなりうるのであれば、そう、歴史が中断されることはないだろう。動物たちは無益に死ぬことはないだろう。私たちは誕生するに値していたのであり、また、私たちを妊娠するために必要だったあらゆる苦痛の恩恵を受けていたのだろう。

一九五四年、サルヴァドール・ダリ[126]は自画像『ガラの顔によって染色体にされたレオナルドのレダが突然なかに姿を見せる球体に規則正しく変態した五体の前で凝視する裸』[127]を描いた。宇宙的な聖母訪問[128]の一種であるこの絵画の右隅には、一匹のまだら模様の犬が寝そべっている。これは〔この絵画より〕数年早くからダリがすでに描いていた犬で、沈思している有性以前の胎児の状態で表現されている。この犬は「宇宙の子供」であり、もし私たちが自然との契約を遂行したいと望むのであれば、現在の私たちがそうあらねばならない姿である。

人工知能が人間を超越した状態を描いたアニメーション『攻殻機動隊』[129]も同様に、いくつかのはかない出来事を通して「宇宙の犬」を経験する。これは監督・押井守が飼っていたガブリエルというバセット・ハウンドで、押井は、私たちの進化の過程で犬には演ずべき役割があることを作品を通して示そうとした。それは、新たな〈自我〉の誕生を可能

(126) サルヴァドール・ダリは二〇世紀に活躍したスペインの画家。意識下の幻覚や欲望を写実的に捉えた、独特の奇想天外な世界を表現し、シュルレアリスムの代表的な作家として知られる。

(127) このダリの作品は、レオナルド・ダ・ヴィンチの絵画『レダと白鳥』をモティーフにしている。『レダと白鳥』は、ゼウスがスパルタ王の妻レダを白鳥に変身して誘惑したというギリシア神話の逸話をもとにしており、イタリア－ルネサンス芸術の古典的な官能表現とともに広く取り上げられる芸術的主題となった。ガラ・エリュアール・ダリはダリの妻で、彼の作品にしばしば登場する。

(128)「聖母訪問」とは、『ルカ福音書』における逸話で、マリアが天使から受胎告知を受けたおり、親類のエリザベトも懐胎したことを知って、彼女を訪問し祝福した話を指す。

(129) 士郎正宗の漫画『攻殻機動隊』を原作とした、押井守監督による同名のアニメーション映画（一九九五年）。

にするという役割である。

人工知能の研究は多大なる進歩を遂げたにもかかわらず、あいかわらず意識の問題で躓いている。コンピューターを真の意味で知性的なものにすることにまだ誰も成功していない。機械の驚くほどの覚醒を取り仕切るコードを書くことにまだ誰も成功していないのだ。ガブリエルが私たちに示しているところでは、その理由は、意識が他のもの以上に入念に作り上げられたアルゴリズムでも、知性のケーキの上にのっているさくらんぼでもなく、脳の高度な機能ですらないからである。意識とは精神の身体、その膜であり、精神の犬、その性器なのである。それは知性ではなく、欲望である。ここにオイディプスが私たちのために解いた謎の鍵がある。人間とは欲望をもつ動物であり、目に見えない翼によって直立の状態となる動物なのだ。

最初の人工知能は、犬によって、より正確には、犬のように思考するほど抜け目ない人間によって産み出されるだろう。したがって、この人工知能は、そのプログラムの構造自体に意識が含まれなければならないこと、そして、意識は膜の形で、まさしく、そのコードを保護すると同時に機械を緊張させる免疫システムの形でそうしなければならないことを理解することになるだろう。

エピローグ

聖書にはさらに別の犬が隠れて存在しているが、この犬はあまりに小さく、しかも急ぎ足で通り過ぎるために、たやすく見落としかねないほどだ。この犬は『トビト記』第六章に登場する。ラファエルがトビトの前に姿を見せ、その父親の目の治療薬の方へと彼を導く。そこへ突然、どこからともなく犬が現れる。「子は天使と連れ立ち、犬がそのあとを追った」と簡潔に書かれている。

この場面に霊感を与えられた絵画において、〔アンドレア・デル・〕ヴェロッキオ[130]は奇妙にも物事の順序をあべこべにすることで、この「現れ」を解く鍵をおそらく差し出している。犬が天使の前方にいて、天使とともに、子供があとを追っているのだ。そのうえ、この犬（白いプードル）はほとんど透明である。その毛を通してはっきりと風景が見えている。この犬は文字通り天使の肉体をもっているのだ。それは丸く霞んだ形で、スヌーピーのように雲に似ていて、芸術家がかつて真に表現することに成功したおそらく唯一の犬である。

ギリシア神話――またしても――において、「天使」という言葉はアンジェリアという女性を指し示していた。最高位の女神である母親ヘラによってオリンポス山から追い立てられて、彼女は分娩中の女性の寝室へ、次いで防腐処理がなされた死者の部屋へ庇護を求めなければならなかった。最後に彼女はアケロンという川で清められ、アルテミス、ヘカテー、ペルセポネー、狩人、伝令者、回復者たちが代わる代わる務めていた、それ自身複数である地獄の女神の補佐となるために生まれ変わった。別の言い方をすれば、アンジェリアの形象において、妊娠中の女性の庇護者、死体の防腐処理者、川を横断する者、人間の種子を蒔く者といった、犬のあらゆる様相が新たに結び合わされているのだ。それゆえ、トビトとラファエルを案内する天使がアンジェリア、彼らのあとに続く小さなプードルであり、ヴェロッキオが都合よく二人の前に据えたあのプードルだと気がつかないでいられるだろうか。あらゆる犬が天使であること、あるいは、すべての天使が女のスフィンクス、翼をもつファルスであること、みずからがひとつの性器であるがゆえに天使たちが性をもたないことが喜ばしいことをどうして理解せずにいられるだろうか。

犬を飼うこととは天使を手に入れることである。私の犬はバセット・ハウンドだった。この犬の喜びはドルーピーのように厳かで奥深く、その肉体は大地の神性をまとって重々しく濃密だった。私がこの犬を迎えに行ったのは、〔フランス中央部の〕オーリヤック市を取り囲む山中だった。というのも、興味深いことに「マルティン・ルター」と名付けられた犬

(130) アンドレア・デル・ヴェロッキオはイタリア－ルネサンス期の画家・彫刻家・建築家。メディチ家の庇護のもと、絵画・彫刻・建築など幅広いジャンルの作品を制作した。また、レオナルド・ダ・ヴィンチの師としても知られている。

アンドレア・デル・ヴィオッキオ『トビアスと天使』一四七〇―一四八〇年。

がそこで生まれた（それはMの年[131]、二〇一六年のことだった）とインターネットで知ったからだった。私はそこに何らかの合図を見出そうとしていて、そして、これは間違ってはいなかった。この犬が生きた短い期間は私の人生に転機を与えてくれた。彼は、私が貧しい物質主義で精神に対立させていた本性の扉、そして、貧しい知性で欲望として理解していなかった精神の扉を私に開け放ってくれた。思考と存在――エレウシスの謎の別名——を合一するという謎で「満ちている」意味へと私に道を開いてくれたのだ。この犬はみずからの喜びの秘密を私と分かち合ってくれたので、私たちの順番になるとやってくる新しい天使たちのことを私はいま、もう恐れてはいない。

〔ヴァルター・〕ベンヤミン(132)はこう書いている。「『新しい天使』と題されたクレーの絵がある。それには一人の天使が描かれていて、この天使はじっと見つめている何かから、いままさに遠ざかろうとしているかにみ

(131) フランスでは一八八五年から犬の戸籍登録制度が開始された。その検索を簡便化するため、一九二六年以降は、飼い犬につけられる名前の頭文字が年度ごとに設定されるようになった。この法制度は現在は猫にも適用されている。

(132) ヴァルター・ベンヤミンは二〇世紀に活躍したドイツの批評家・思想家。ユダヤ神秘主義とマルクス主義を背景に、フランクフルト学派の一員として独特の思想を展開した。代表作に『ドイツ悲劇の根源』『複製技術時代の芸術』など。

える。その眼は大きく見開かれ、口は開き、そして翼は拡げられている。歴史の天使はこのような姿をしているにちがいない。彼は顔を過去の方に向けている。私たちの眼には出来事の連鎖がたち現れてくるところに、彼はただひとつの破局《カタストロフ》だけを見るのだ。その破局はひっきりなしに瓦礫のうえに瓦礫を積み重ねて、それを彼の足元に投げつけている。きっと彼は、なろうことならそこにとどまり、死者たちを目覚めさせ、破壊されたものを寄せ集めて繋ぎ合わせたいのだろう。ところが楽園から嵐が吹きつけていて、それが彼の翼にはらまれ、あまりの激しさに天使はもはや翼を閉じることができない。この嵐が彼を、背を向けている未来の方へ引き留めがたく押し流してゆき、その間にも彼の眼前では、瓦礫の山が積み上がって天にも届かんばかりである。私たちが進歩と呼んでいるもの、それがこの嵐なのだ」(133)。

付け加えておこう。熱に浮かされたように主人に先んじて、遊動する破局《カタストロフ》たる私たちが自分たちのあとをついていくのを肩越しでたえず振り返って見守ってくれる犬たち――この天使もまた、とりわけこの天使こそが、こうした犬たちのなかの一頭なのである。
この犬こそ、あなたの王。

(133) ヴァルター・ベンヤミン「歴史の概念について」浅井健二郎訳、『ベンヤミン・コレクション1』ちくま学芸文庫、一九九五年、六五三頁。

謝辞

ルター（没）、エキャルト、アイルトン、バルト、ホーリー、イグルー、リル、パピ、マックス（没）、ブルートゥス（没）、ヒューマン、トビアスとオットー（没）、オクラ、ミルク（没）、その他の犬たちへ。また、原稿を細かく読み込んでくれたマルタン・ベトゥノー、マリアンヌ・アルファン、トーマス・レペルティエへ。また、私に信頼を寄せてくれたローレント・ドゥ・シュテール、それにブリュヌ・コンパニョン＝ジャナンへ。そしてもちろん、ケルトハウンド犬協会のマリオン・イヴィと、犬が喜びを（再び）見い出すよすがとなるすべての方々へ。

訳者あとがき

犬は先史時代以来、人間によって家畜化されたもっとも古い動物である。狩猟採集の段階において、人間と犬は同じ採食テリトリーで獲物に出会い、競合していた。だが、人間は犬の追跡能力を活用し、犬の方は人間が廃棄する残飯を食らうことで、両者のあいだに相利的な関係が生まれた。優れた嗅覚で獲物を追跡し、夜間に周囲を警戒する相棒として、また、愛くるしい伴侶として、犬は人類にとって重要な仲間となった。

他の動物種と異なり、人間と犬の結びつきはきわめて独特である。人間と犬が交流すると、両者の体内のオキシトンが増加するが、これは闘争欲や恐怖心が減少し、良好な関係が維持されているときに分泌されるホルモンである。特異な仕方で共感し合うことができる人間と犬は、長い年月をかけてまさに「共進化」を遂げてきた。

本書『犬たち』において、哲学者マルク・アリザールは、ギリシアやエジプトの神話、聖書の世界から、赤ずきんやドラキュラの物語、キリスト教絵画や現代芸術、現代思想、カフカやシマックといった現代文学にいたる犬たちの表象を読みとくことで、彼らの幸福のありようを描き出し、犬と人間の関係を解釈し直す。アリザールは人間と犬との関係をめぐる数々の常套句を覆していく。彼にとって、犬とは喜びと幸福を会得させてくれる存在であり、人間の秘密を知っている思想家にほかならないのである。

さまざまな文化において、犬はときに幸福な愚か者として描かれ、ときに盲目的な服従者の象徴とされる。さらには、侮辱の意味合いを込めて「犬」の言葉が用いられることも多い。アリザールが大きな疑問を抱くのはこうした犬のお決まりの表象である。彼は、古代における犬の表象が変化してしまい、かつて犬が体現していた複雑な二重性(たとえば野蛮と文明)が一神教の出現によって失われてしまったとする。神に随従する人間の姿は、人間に服従する犬の姿にほかならないのだ。

古代の宗教や神話において、犬は人間の良き友とされただけでなく、荒ぶる粗暴な力として崇められてもきた。古代エジプトでは、犬に似た野獣ジャッカルが動物の死体を食べたため、冥界の王アヌビス(インプゥ)と同一視され、その神像がつくられた。ナイル川が氾濫する直前に明るい星が空に現れたが、外敵を警告する犬の行動とこの兆候が関係づけられて、この星はシリウスと名づけられた。アステカ宗教の犬神ショルトルは半ば狼で半ば人間の存在だが、犬は野蛮と文明を媒介する者でもあった。ギリシア神話におけるケルベロスとオルトロス、中国と日本における一対の狛犬や獅子に見られるように、犬は世界の二重性を体現する動物なのである。

こうした二重性を象徴する犬を、アリザールは「膜」という決定的な表現で描き出す。犬とは自然から文化を産出する役目を果たす膜であり、この膜を通じて人間を人間たらしめる内面性が生まれた。犬はしばしば女性と関係づけられるが、両者の類縁性は妊娠行為、すなわち、生命を生み出す膜（胎盤）を張る点に見出される。また、ギリシア語の類似した言葉kuo（犬）とkuon（妊娠する）から哲学と雌犬との関連が指摘される。

アリザールはオイディプス王に関して独創的な解釈を施す。女のスフィンクスは獅子ではなく犬であり、スフィンクスがギリシア語で「紐」「結び目」などを示すことから、ある種の膜をも含意する。オイディプス王の名前の意味「腫れた足」が、犬の足根骨に穴を開けて縄を通していた古代の習慣によるものであるならば、オイディプス王自身も犬だったとみなしうる。オイディプスに対する女のスフィンクスの謎かけにおいて問われているのは、人間の直立姿勢の謎ではないか。アリザールはさらに、性器が毀損されたオイディプスにおいて、人間の男性器が骨を欠いたまま、陰茎骨によって直立（勃起）するという人間化の起源を読み取ろうとする。

アリザールが敬愛しつつも、その犬の思想を刷新しようとする哲学者が、ジル・ドゥルーズとダナ・ハラウェイである。

ドゥルーズは、ダニやノミからネズミや猿に至るまで数々の動物を参照し、「動物への生成変化」を説く。女性や犬といったある具体的な名辞がその規定性を逃れて、みずからをラディカルに複数化させていく過程が「知覚しえぬものへの生成変化」と呼ばれるが、「動物への生成変化」はその模範的な中間地帯とされる。ただし、『アベセデール』でのインタヴューにおいて、ドゥルーズは「自然のなかにはたくさんの叫び声があるが、犬の吠え声は動物界の恥だ」と言い放ってもいる。アリザールはこの「動物界の恥」という表現を肯定的に解釈し、ここに犬と恥の本質的な結びつきをみる。犬は人間が直立する姿勢、勃起する性器という恥の起源を知っている動物だ、と。

ハラウェイは『伴侶種宣言』において、犬という「重要な他者性」から自然と文化の関係を問い直す。犬は人間が太古から共棲してきた「伴侶種」で、両者は動的な相互関係において共進化を遂げてきた。アリザールはハラウェイの主張に深く共感しつつも、自然と文化の融合というヴィジョンを退け、両者の分割をなす犬の存在を強調する。彼にとって、自然と文化の境界を揺さぶり活性化させ続ける「膜」こそが犬なのである。

著者のマルク・アリザール（Mark Alizart）は一九七五年にイギリスで生まれて、フランスで活動する哲学者である。ポンピドゥー・センター、パレ・ドゥ・トウキョウなどの文化ディレクターを務める一方で、彼の刊行物はさまざまな分野に及んでいる。

アリザールの一貫した姿勢は、新しい科学技術（とりわけ情報科学）やポップカルチャーの哲学的考察を通じて近代性の限界を問い直すことである。『ポップ神学』（*Pop Théologie*, PUF, 2015）では、大衆文化や消費社会がいかに宗教からその形式を借りているか——たとえば、映画「スターウォーズ」におけるフォース信仰——が分析され、ポスト・モダニズムが信仰の覚醒への運動でもあることが指摘される。『天上の情報科学』（*Informatique Céleste*, PUF, 2017）では、一八三〇年に最初に考案された情報科学の考え方が分析され、ロマン主義者らが企図した情報科学による思考と存在の統一がいかに近代の危機意識と関連しているのかが解き明かされる。

最新著『クリプトコミュニズム』（*Cryptocommunisme*, PUF, 2019）では、ネット上で流通するクリプトコイン（暗号通貨）によって従来の経済的思考が覆された状況が考察される。経済的な価値のみならず、あらゆる価値の本質が一変してしまい、もはや組織や市場によって占有されはしない。所有概念ではなく、価値の根本的変容によって新たなクリプトコミュニズムがはじめて思考可能となっているのだ。

ほかにもアリザールの編著として、『フレッシュ・セオリー』（*Fresh Théorie*, Léo Scheer, 2005）、『スチュアート・ホール』（*Stuart Hall*, Amsterdam, 2007）、『聖なるものの痕跡』（*Traces du Sacré*, Éditions du Centre Pompidou, 2008）がある。

本書は単行書Mark Alizart, *Chiens*, PUF / Humensis, 2018の翻訳である。ただし、原著者の指示により、大幅な加筆修正がほどこされている。

アリザールは数多くの犬を飼ってきた愛犬家だが、その一頭が亡くなった際に深い悲しみに包まれた。一年後に彼は筆をとり、悲しみの情を振り切り、犬と過ごした喜びを綴ろうと決意してできたのが本書である。アリザール自身は動物の権利の活動家ではなく、あくまでも愛犬家の立場からこの哲学的断片を率直に綴っている。一般向けに記されたこの小著は、犬を愛好する人々の幅広い支持を集め、フランスの哲学書としては異例の一万部を超えるベストセラーとなった。

近年、動物の権利や倫理、動物との共生などについて、動物をめぐる哲学は盛んに展開されてきた。それは、伝統的かつ近代的な人間中心主義の批判として、多種多様な生物が棲む世界観の刷新として、動物の観点から人間や世界を思考する試みである。ただ、個別の動物に関する哲学的考察はいまだ稀である。本書は、近年の動物哲学の動向を踏まえた上で、数々の哲学・文学の知見を参照し、著者自身の深い愛着から、犬に関する哲学的考察を軽快な筆致で綴っている点で斬新である。今回同時期に翻訳が刊行されるフロランス・ビュルガ『猫たち』も姉妹編として参照されたい。

編集に関しては、法政大学出版局の高橋浩貴氏には迅速かつ的確な作業をしていただいた。心より感謝申し上げる次第である。

二〇一九年四月三〇日　西山雄二

※本刊行物は、首都大学東京・傾斜的研究費（全学分）学長裁量枠・社会連携支援（社会連携活動支援）の助成を受けたものである。

犬名索引

ア行

カ行

サ行

タ行

ナ行

ハ行

マ行

ラ行

人名索引

タ行

ハ行

マ行

ヤ行

ラ行

犬たち

2019年5月20日　初版第1刷発行
著　者　マルク・アリザール
訳　者　西山雄二・八木悠允
発行所　一般財団法人　法政大学出版局
〒102-0071　東京都千代田区富士見2-17-1
電話03（5214）5540　振替00160-6-95814
組版：HUP　印刷：日経印刷　製本：積信堂

Printed in Japan
ISBN 978-4-588-13027-4

著　者

マルク・アリザール（Mark Alizart）
1975年生まれ。フランスの哲学者。ポンピドゥー・センター、パレ・ドゥ・トウキョウなどの文化ディレクターを歴任。科学技術（とりわけ情報科学）やポップカルチャーの哲学的考察を通じて近代性の限界を問い直す作業を続けている。著書に『ポップ神学』（*Pop Théologie*, PUF, 2015）、『天上の情報科学』（*Informatique Céleste*, PUF, 2017）、『クリプトコミュニズム』（*Cryptocommunisme*, PUF, 2019）、編著に『フレッシュ・セオリー』全3巻（*Fresh Théorie*, 3 vol., Léo Scheer, 2005–2007）、『スチュアート・ホール』（*Stuart Hall*, Amsterdam, 2007）、『聖なるものの痕跡』（*Traces du Sacré*, Éditions du Centre Pompidou, 2008）などがある。

訳　者

西山雄二（にしやま・ゆうじ）
1971年生まれ。首都大学東京准教授。現代フランス思想。著書に『哲学への権利』（勁草書房、2011年）、『異議申し立てとしての文学――モーリス・ブランショにおける孤独・友愛・共同性』（御茶の水書房、2007年）、編著に『カタストロフィと人文学』（勁草書房、2014年）、『終わりなきデリダ――ハイデガー、サルトル、レヴィナスとの対話』（法政大学出版局、2017年）、訳書にJ・デリダ『獣と主権者』（全2巻、白水社）、『哲学への権利』（全2巻、みすず書房）、『条件なき大学』（月曜社）、『嘘の歴史 序説』（未來社）などがある。

八木悠允（やぎ・ゆうすけ）
1983年生まれ。ロレーヌ大学博士課程在籍中、国立応用科学院レンヌ校非常勤講師。フランス現代文学、特にミシェル・ウエルベック研究。翻訳に、サミュエル・エスティエ「ウエルベック批評の十年」（共訳、『人文学報』、首都大学東京フランス文学教室、第514-15号）、K・シャレディブ「枠組みの蘇生」（共訳、『人文学報』、首都大学東京フランス文学教室、第515–15号）。